すぐに使える
介護のための
接遇講座

山岡 仁美 著

中央法規

はじめに

　私たちは、生活の中でたくさんの人・物・状況と遭遇します。その中から、相性の良い人やしっくりくる物、必然的な状況が自ずと周辺に集まるものです。それがまさに、その人の生活・ライフスタイルとなり、その人なりの価値観が創り上げられていくこととなるのでしょう。
　当然、介護を必要としているご利用者様、そしてそのご家族様にも、皆個々にライフスタイルや価値観があります。その環境下で、在宅であれ施設であれ、介護従事者が密接にかかわらざるを得ないのです。必要な介護を受けるというメリットと引き換えに、自分らしさを抑圧しなくてはならないという状況が生じているかもしれません。しかしそれでは、介護サービスではなく、措置ということになります。
　今や社会的にも個人的にも、介護と一生無縁で生活することは極めて稀です。だからこそ、介護は措置ではなくサービスとして確立されたのです。もはや、介護サービスは、大変認知度の高い、りっぱな事業であり、社会貢献であります。そうであれば、ご利用者様・ご家族様の満足度を高め、社会においても信頼度の高い質が必要になるはずです。
　私たちが、外食する時にどのレストランに入るか迷う、旅行先で宿泊ホテルのサービスに不満を感じる、電化製品を購入する時の商品説明が納得できた、商品の問い合わせをした時の応対が横柄で嫌な思いをした……などと同じように、声掛けがなくいきなり体位変換されビックリした、ヘルパーさんの挨拶の声を聞くと明るい気持ちになれる、一言も断りがなく冷蔵庫を開けていて失礼だと感じた、居室の出入りの作法を心得ていて安心できる、いつも平易な言葉遣いなので小馬鹿にされていると感じている……など、介護現場での何気ない場面で、

ご利用者様・ご家族様はさまざまな思いを感じているはずです。

　しかも、介護サービスは、手に取る商品とは違い、どんなことが満足や不満につながるのか、想像が難しいのです。ということは逆に、あらゆる場面や状況を想定し、何がご利用者様・ご家族様の満足や不満につながるのかを十分考察しなくてはなりません。そして、その鍵となる行動として、接遇力を高め、実践していくことが、介護サービスの質の向上への近道となるはずです。

　本書との出会いが、介護を必要とする人たちが自分らしさを抑圧しすぎることなく、その人らしく過ごせるための介護サービスとしての接遇力の再確認の機会になれば幸いです。

株式会社グロウス・カンパニー＋　代表取締役●山岡 仁美

目次

はじめに

第1章 介護現場における接遇とは

1．接遇ってどんなもの？ ……………………… 002
2．なぜ介護に接遇が必要なのか？ …………… 003
3．接遇が介護にもたらすものとは？ ………… 007

第2章 接遇の基本スキル

1．恐るべし！　第一印象の影響度 …………… 010
2．挨拶──コミュニケーションの第一歩 …… 013
3．表情──相手の心を解きほぐそう ………… 016
4．身だしなみ──サービスモラルの大前提 … 019
5．態度──基本動作がものをいう …………… 023
6．言葉遣い──心を伝える接遇ツール ……… 028
7．話し方──信頼を築き上げる表現 ………… 031
8．聴き方──相手や状況を知る近道 ………… 038

コラム ……………………………………………… 044

第3章　接遇の応用スキル

1．コミュニケーションスキルで
　　接遇力を醸成させる……………………………046

2．接遇力あってのクレーム応対………………063

コラム……………………………………………077

第4章　いざ実践！こんな時どうする？

1．ケーススタディで考えよう………………080

2．接遇力でさまざまな場面・相手に応じる…085

解　答　例　集……………………………………104

おわりに

第1章

介護現場における接遇とは

1. 接遇ってどんなもの？

そもそも接遇とは…

　いつの時代もどんな職種でも、仕事をよりよくしていくための方策として注目を集める"接遇"。百貨店、ホテル、銀行などのサービス業界では、定期的にマナー研修を実施するなど、サービス向上のための接遇の向上に力を注ぐのは、もはや当たり前の取り組みです。

　そもそも"接遇"とは、どのような意味を指すのでしょうか。大辞泉（小学館発行）によると、「もてなすこと。応接すること」とあります。つまり、サービス業に従事する人たちが、お客様に対して、適切な態度や言葉遣いで接することと解釈できます。

　「介護はサービス業」といわれますが、依然としてご利用者様を子ども扱いしたり、逆にマナー化しすぎて親近感のない対応にとどまる介護施設や事業所もあります。同じサービス業として、ご利用者様に対して一般的なマナーや接遇を用い、向き合えばいいのでしょうか。

　まさに"接遇"というと、美しい立ち居振る舞いや丁重な言葉遣いなど、マナー全般と解釈する方も多いものです。実際に、来客応対や名刺交換などのビジネスマナーを"接遇"として解説している書籍や、指導をしている研修なども多く存在します。しかしながら、マナー研修などで取り上げられる接遇は、接客マナーやビジネスマナーにとどまり、真の接遇からすれば、ごく一部なのです。

　"接遇"という言葉をよく観ると、「接する」という文字と「出遇う」という文字で形成されています。「接して出遇う」と捉えると、人対人としての極めて基本的なかかわり方と想像ができるのではないでしょうか。どんな人でも、一生涯誰にもかかわらないということはないはずです。この世に生まれた瞬間から、家族、友人、知人はもちろんのこと、多くの人とのかかわりによって、人は成されていきます。その一部として、美しい立ち居振る舞いや丁重な言葉遣いが必要な場面や状況もありますし、

来客応対や名刺交換などを弁（わきま）えるべき時もあります。しかし、そればかりでなく、人として相手を尊重したり配慮することを自分自身の表現として適切にすることが、さまざまな場面で必要です。それら表現の全般が"接遇"なのです。

2. なぜ介護に接遇が必要なのか？

今"接遇力"が問われている

　介護保険導入当初は、措置からサービスへの意識改革とともに、"感じがいい""マナーを身につけている"など介護職の接遇スキル向上のご相談を多くいただいたものです。しかし、最近では介護現場での接遇に、以前とは違うニーズが多いと痛感しています。それは、"感じがいい""マナーを身につけている"はもちろんですが、それにとどまらず、"さまざまな価値観に見合う""多様に応じられる"ことが不可欠と考えられているという点です。

　かつてのご利用者様やご家族様は、「お世話になって有り難い」「手をかけてもらっている」「申し訳ない」という気持ちを根底に持っている方が大半でした。ところが、今はどうでしょうか。「うちは○○だから」「私は××する」「△△してほしい」などと、権利意識が高い方が急増しています。

　それには理由があります。日本は戦後の高度経済成長からバブル経済を経てきました。かつてのご利用者様やご家族様は、戦後の混乱期を乗り越え、努力と忍耐を重ね、日本経済を支えてきた世代でした。そのため、謙（へりくだ）りながら周囲や相手にどうかかわっていくかに重きを置く人間関係を主体に構築していました。「お世話になって有り難い」という世代です。

一方で、ここ数年、豊かな経済の恩恵を受けた世代の方たちがご利用者様やご家族様になりつつあります。恵まれたともいえる環境の中で、自身の価値観やライフスタイルを作り上げ、自分を主張することでアイデンティティを築いている、つまり「うちは○○だから」「私は××する」などと、権利意識が高い世代になってきているということです。そして、そういう方は今後ますます増えていくと考えられます。
　ご利用者様・ご家族様がやっかいになってきた……ではありません。社会や経済が変化するように、福祉の土壌も変わってきているということです。そうであれば、それに見合ったサービス提供が必然といえます。その切り札の1つが接遇力なのです。

介護現場で求められる接遇意識

　そもそも、介護従事者の役割とは何でしょうか。一言でいえば、「生活を支える」ということになります。要介護のご利用者様とそのご家族様の「生活を支える」のですから、当然専門的な知識が欠かせませんし、ADL（Activities of Daily Living：日常生活動作）に応じた技術も必須です。しかし、支えるのは身体的な側面だけではなく、生活です。となると、いかにご利用者様に尊厳の気持ちを持って接することができるのか、ご家族様が安心して過ごせるよう配慮があるのかが肝要になります。
　私は、介護従事者の皆さんを対象とした研修や講義の中で、よくこのような表現をします。
　　"介護職は自転車をこぐのと同じ"
　自転車は、前輪と後輪がきちんと動いてこそ、安全にスムーズに走ることができます。どちらかのタイヤに空気漏れがあったり不備があればこぎづらいですし、そればかりでなく、状況によっては転倒してしまうかもしれません。
　特にやっかいなのが、後輪です。前輪はハンドルにつながっているので自分の目線も向きますから、少々ガタがきてもコントロールが効くか

もしれません。しかし、後輪は目も届かず、知らず知らずのうちにパンクなどしてしまうかもしれません。そうなると格段に乗りづらく、危険も伴うのではないでしょうか。

　介護職でたとえるならば、前輪は技術・資格などの専門知識、後輪はコミュニケーション・接遇などの人としての力、と考えてみてください。技術・資格は、前輪のように比較的コントロールが可能です。たとえば、経験を積み重ねたり身近な先輩に指導をしてもらったり、折をみて自己研鑽することができるかもしれません。

　一方、コミュニケーション・接遇はどうでしょうか。ついつい我流に偏ったり、悪気はないのに失礼な態度になりがちだったりというように、気づかないうちに、ご利用者様に対する尊厳の気持ちやご家族様への配慮が等閑（なおざり）になりがちです。自転車の後輪の不具合で知らず知らずに乗りづらくなるのと同じように、いつのまにか、日々の仕事（介護）がうまくいかない展開になります。

　自転車の前輪・後輪に空気がきちんと入ることでスムーズに走れるように、介護現場でも、技術・資格などの専門知識はさることながら、コミュニケーション・接遇などの人としての力を高めていくことが、プロの介護職ではないでしょうか。ましてご利用者様は、介護職からすれば人生の大先輩であることがほとんどです。ご家族様は大先輩という世代ではないこともありますが、介護職では測り知れない大きな課題を生活に抱えています。

　それがどんなに権利意識が高いご利用者様・ご家族様であっても、か

かわる以上は責務として意識を高め、実践することが求められます。

懐深く接遇力を駆使しよう

"介護サービス""サービス提供"という言葉が存在し、「介護はサービス業」といわれて久しくなりました。しかしながら、他のサービス業と比較して、絶対的な違いがあります。

百貨店、ホテル、銀行など、一般的な接遇は、サービスの範囲の線引きがしやすいものです。たとえば、百貨店で案内された通りに探していた商品を見つけられた、ホテルでのチェックイン時、フロントから客室へとスマートに案内されたなど、"好感が持てる""信頼できる""嬉しい"など、利用者としての受け止め方が一律化しやすいものです。

一方、ご利用者様の生活そのものを支える介護には、ご利用者様一人ひとりの価値観を踏まえた行動が求められます。

サービス利用者に対する答えが明確な一般的な接遇に対して、サービス利用者のADLが異なる介護では、正解は1つであるとは言い切れません。それは、望ましい対応や正解がないに等しいということです。

ほかにも、介護保険外のサービスをご利用者様が要求した場合には、断らなければならないですし、ご利用者様のみならず、ご家族様の真意を引き出し、ご利用者様に適切な介護サービスを提供しなければなりません。つまり、"介護接遇"にはご利用者様の多様な要求に応じられるかどうかという、状況判断能力や対応力が必要であるといえるのです。

このように高いレベルの能力が求められる介護接遇。最良の答えが1つではない介護現場では、接遇の結果として、さまざまなトラブルが生じることも予想されます。そのように考えると、基本的な接遇力を身に付けて、それらを状況や相手によって遣い分けていく懐の深さを持ち合わせることが求められるのです。

3. 接遇が介護にもたらすものとは?

第1章

"CS"を立ち位置とした接遇推進

　皆さんは、"CS"という言葉を知っていますか。一般企業では、ここ何十年も着目している考え方の1つで、福祉業界においても、組織での接遇への取り組みのスタート地点として共通理解を図っている介護施設や事業所が多く見受けられます。

　"CS"とは、Customer Satisfaction＝お客様満足（または顧客満足・顧客満足度など）のことです。お客様満足というと、「お客様を満足させる」ことと解釈する人がいますが、それは不適切です。「お客様を満足させる」のではなく、「お客様が満足する」という解釈が適切なのです。

　考えてみると「お客様を満足させる」という言葉の主語は、私や私たちです（私、私たちがお客様を満足させる）。それでは、自分は丁寧に応じているつもりが、ご利用者様にとっては、回りくどかったり堅苦しかったりするかもしれません。自分たちは、迅速で明快な対応をしているつもりでも、ご家族様にとってはマニュアル通りの事務的な対応かもしれません。

　では、「お客様が満足する」と解釈するといかがでしょうか。ご利用者様・ご家族様がどう感じたり受け止めたりしているのか、という視点になります。つまり、「自分本位」ではなく「相手本位」という着眼点なのです。

　ここで、「お客様」という言葉に違和感を持つ人もいることでしょう。自分たちは、百貨店、ホテル、銀行や商品を販売しているお客様サービス業ではない、ご利用者様・ご家族様をお客様と捉えるのはおかしいのではないかという考え方です。

　しかし考えてみてください。介護保険制度である限り、大なり小なりご利用者様・ご家族様から自己負担金をいただき、サービス提供をしているのです。ということは、ご利用者様・ご家族様が信頼・安心・満足を得られないサービスは、いずれは敬遠されることに至るかもしれません。

そして、それは同時に、さまざまな相手(ご利用者様・ご家族様)や状況に応じられていないということになります。

つまりは、「お客様＝ご利用者様・ご家族様」と位置づけ、「お客様が満足する」ための方策や接遇を実践することが、施設・事業所にとっても介護従事者にとっても必然と考えることができます。

接遇の向上による副産物

"CS"を立ち位置として接遇の推進を図ると、どのような効果が期待できるでしょうか。

それはすなわち、介護従事者一人ひとりが、相手(ご利用者様・ご家族様)や状況に見合った応じ方を継続して実践することとなります。その実現によって、施設や事業所といった組織単位で、さらには介護サービス全体の質の向上になるのです。

介護に携わる一人ひとりの力は小さくても、それが永続的に積み重なれば大きな力となり、他のどんな業種にも引けを取らない、「接遇といえば介護職を参考にしよう」という真の接遇の土壌ができるはずです。もちろんそれは、ご利用者様・ご家族様の生活を支え、日常に潤いを与える、意義ある社会貢献でもあります。そして、"CS"が成されることによって、地域や社会で信頼され、選ばれ続ける施設・事業所・介護従事者となるのです。

もはや、介護従事者であるということ自体が人としての力を高めるべきことといえます。そのような介護従事者に誇りを持ち、積極的に接遇力を高めていきましょう。

第2章 接遇の基本スキル

1. 恐るべし！ 第一印象の影響度

「"さまざまな価値観に見合う""多様に応じられる"ことが不可欠」「接遇力が身に付いていて、それらを状況や相手によって遣い分けていく懐の深さを持ち合わせることが求められる」「人としての力を高めるべきこと」と説いてきましたが、何やらとてもハードルが高く感じます。しかしそんなことはありません。

まずは、介護現場でできる基本的かつ重要なポイント「挨拶」「表情」「身だしなみ」「態度」「言葉遣い」「話し方」「聴き方」について、スキル別にご紹介していきましょう。

第一印象の重要性

基本スキルを考える前に、認識すべき肝要なことがあります。それは、介護職として、ご利用者様・ご家族様との信頼関係を築くにあたって基本になる第一印象の重要性です。

皆さんは、人と初めて出会った時に、「明るそう」「横柄な感じ」「きちんとしている」「愛想がない」「まじめな人」などと、相手に対して何らかの印象を感じているはずです。そして、その印象は「話しやすい」「気を遣う」「安心できる」「苦手」など、その相手とのかかわり方に少なからず影響しているものです。つまり、第一印象が、その後の信頼関係にかかわってくるということであり、ご利用者様・ご家族様も同様に、あなたの与える印象で信頼できる介護職（または施設・事業所）なのか、判断していると考えることができます。

その印象を決定付ける三大要素として、**目から入る情報**【表情・服装・髪型・目線・姿勢・動作など】が55％、**耳から入る情報**【声が大きい・小さい、早口・適度な間がある、一本調子・抑揚があるなど】が38％、そして**頭から入る情報**【内容・中身】が7％で構成されているのです（表1）。

たとえば、初めて介護保険制度を利用するご利用者様に制度の説明を

表1　第一印象を決定付ける3つの要素
- 7%　頭からの情報
- 38%　耳から入る情報
- 55%　目から入る情報

7秒で決まる！

する時、初めて面会に来たご家族様に施設内でご利用者様の経過や様子を話す時、もちろん肝心なのは、その説明や話の【内容・中身】です。しかしながら、【内容・中身】はわずか7％です。7％だから【内容・中身】は大して重要でないということではありません。

あなたがご家族様に対して、ご利用者様が施設内で転倒をした経過についての説明に準備万端で臨んだとします。転倒当日の職員からのヒアリング項目を整理し、わかりやすくかつ丁寧にするように、書類も作成してもらうようにしました。しかし、あなたは目も合わさずに、手元の書類を見ながら、一気に説明を始めました。たしかに家族にとってわかりやすく丁寧な説明でしたが、ご家族様には理解してもらえませんでした。【目線・姿勢・話し方】といった、相手にとって目から入る・耳から入る情報が【内容・中身】の足を引っ張っているからです。

出会いの7秒が信頼関係を左右する

さらに、第一印象は概ね7秒で決定付けられるといわれています。7秒というと、挨拶言葉の次の一言を発した時点です。ここで好印象か悪印象かが決定付けられているということになります。

もちろん、はじめの7秒の印象が悪くても、「最後まで話を聞いたら理解できた」「何度か顔を合わせて安心できた」という展開も多くあります。

しかしながら、そのような場合においても、些細なことでご利用者様・ご家族様は「やっぱり、はじめに横柄な人だと思った」「そもそも、ちゃんとしていなかった」などと、はじめの7秒の印象に戻ってしまい、結局は信頼関係が築けないものなのです。

つまり、最初が好印象だと信頼関係を築きやすく、悪印象だと多々努力をしてもなかなか信頼してもらえないということになります。

信頼関係を築くための基本要素

印象を決定付ける三大要素として、目から入る情報と耳から入る情報が重要であると前述しましたが、それらをスキルアップするには、接遇の基本要素となる"非言語力"と"言語力"を磨くことが欠かせません。

"非言語力"としては、目から入る情報となる見た目、つまり服装・髪型・

表2　第一印象チェックシート：鏡の前で自己紹介をしながらチェックしてみよう！
○・×の2択、△はなし、迷ったら×にしましょう。迷うということは、相手や状況によっては×かもしれませんよ。

1	気持ちの良い笑顔ですか	
2	目線は合っていますか	
3	信頼できる服装ですか	
4	髪型・化粧に違和感はありませんか	
5	不相応なアクセサリーはありませんか	
6	きちんとした立ち方ですか	
7	横柄な座り方はしていませんか	
8	嫌な態度はとっていませんか	
9	明るく聞き取りやすい声ですか	
10	立場や状況をわきまえた言葉・話し方ですか	
11	メリハリのある挨拶ですか	
12	清々しい印象ですか	

表情・目線・姿勢・身振り手振り・態度などが挙げられます。

"言語力"とは、耳から入る情報であり、相手の耳に届けること全般ですから、「声」の大きさ・速さ・「話し方」の抑揚・間の取り方・長さなどが挙げられます。

この言語力と非言語力は、どちらか一方だけ長けていても、効果がありません。どんなに自然な笑顔の明るい見た目でも、話し始めたら馴れ馴れしくだらしない、または聞き取りやすく穏やかで丁寧な話し方をしていても、腕組み足組みで横柄な態度であったらガッカリしてしまいます。

言語力・非言語力の双方を強化することで、印象度も上がり信頼されます。つまり人としての力が高まり、価値観が多様化している社会の中での介護職としての接遇力へと大きくつながるのです。現場でできる基本的かつ重要なポイント「挨拶」「表情」「態度」「身だしなみ」「言葉遣い」「話し方」「聴き方」は、全て言語力・非言語力に属します。それらを磨き上げることが、信頼関係のスタートを切る印象度の向上とともに、介護接遇全般の強化にもつながるのです。

2. 挨拶 ── コミュニケーションの第一歩

挨拶で信頼のスタートを切る

挨拶は、コミュニケーションのスタートとして大変効果的です。皆さんも、日頃から積極的に挨拶をしていることでしょう。しかし、せっかくの挨拶が、社交辞令や業務の一部となっていませんか。

コミュニケーションは、よくキャッチボールにたとえられます。キャッチボールは、第一投のボールがないと始まりません。しかし、とにかくボールを投げればよいというものではありません。暴投してボールを失くし

てしまったり、相手の体にぶつけて怪我をさせてしまったら、キャッチボールは続けられなくなります。相手が受け取れる場所、さらに場所だけではなく投げ方にも、配慮が必要ということになります。

挨拶も同様です。単に、朝だから「おはようございます」、知っている人なので「こんにちは」、お礼が必要と思ったから「ありがとうございました」……これだけでは、社交辞令の域を脱していないといえます。

その場や相手に応じた挨拶は、その場が和んだり明るくなるだけでなく、相手から言葉や反応を引き出すこともできます。たとえば、体調不良のため、2週間ぶりにデイサービスに通所されたご利用者様に対しての朝の挨拶は、「おはようございます」よりも、「おはようございます。○○さん、お変わりなくてよかったです」。雨の日に足を運んでくれたご家族様には、「ありがとうございました」よりも、「お足もとの悪い中、ありがとうございました。またお待ちしています」などと、その方だけが受け取れるボールとして投げかけることができます。それにより、そのご利用者様・ご家族様は、配慮してくれていると実感できることでしょう。

そして、挨拶はキャッチボールの第一投ですから、投げかけられる前に、自分から先手で発することも欠かせません。そのような本物の挨拶を実践するには、いつも相手や状況を見据えることが必然となり、ご利用者様やご家族様の"さまざまな価値観"や"多様"へ応じる接遇力の強化へと

なっていくのです。

> 挨拶のポイント
>
> あ…明るく、アイコンタクトで
> い…いつでも、どんな時でも、誰にでも
> さ…先に(自分から)
> つ…続ける(継続は力なり)

・"明るく"

　せっかくの挨拶であれば、言っているのかどうか伝わらない曖昧なものはやめましょう。

・"アイコンタクト"

　積極的な挨拶をしている人でも、下を向いたままや作業しながらそっぽを向いたままの挨拶をよく見かけます。キャッチボールの第一投と同じように、相手に目線を向けましょう。

・"いつでも、どんな時でも、誰にでも"

　誰しも、体調が悪かったり、忙しくて余裕がない時があったり、さまざまな状況があります。しかし、いつでもどんな時でも誰に対しても、挨拶ができることが介護を通して人とかかわる皆さんの役割でもあるはずです。

・"先に"

　コミュニケーションの第一歩であれば、投げかけられるのを待っていたり、投げかけられてから応じるのではなく、気づいたら先手で自分から挨拶をしましょう。

・"続ける"

　「明るく・アイコンタクトで」「いつでもどんな時でも誰に対しても」「先に」。これら全部を継続していくのです。本書を読んで、しばらく実践してみたというにとどまらず、継続してこそ接遇としての挨拶が習慣化され、サービスの質が上がっていくのです。

3. 表情 ── 相手の心を解きほぐそう

笑顔の効用

　第一印象の重要性と信頼関係を築くための基本要素を考えると、目から入る情報として、表情が挙げられます。

　表情の基本は、もちろん"笑顔"です。なぜなら、笑顔は人の緊張感や不安感を解消する効果があるからです。皆さんも、人と接する場面で、相手が口をへの字にしていたり、眉間にしわを寄せていたり、終始真顔であったりしたらどう感じるでしょうか。少し身構えてしまうのではないでしょうか。

　そもそも、介護はご利用者様・ご家族様の生活を支援するもので、その人がその人らしく過ごしていただくようサポートをするのが役割です。そう考えると、相手に身構えさせたり気を遣わせる印象を与えるのは望ましくありません。口角を上げ、目元に心を込めて接したいものです。

　しかしながら、笑顔も間違えると「人をばかにしている」「ヘラヘラしている」などと、失礼であったり誤解を招くこともあります。そこで、お勧めしたいのが、笑顔の三段活用（図1）です。口角を意識することで、その場に相応しい表情に近づくことができます。

・笑顔の三段活用①
　口角を上げる…待機の時、つまり話を聞いている時や何もしていない時の表情です。

・笑顔の三段活用②
　前歯が見え隠れする…会話をする時、前歯が見え隠れすると、会話中の表情にメリハリが出て、言葉も聞き取りやすくなります。

・笑顔の三段活用③
　前歯がしっかり見える…挨拶をする時、「おはようございます」「よろしくおねがいします」「ありがとうございました」など、挨拶言葉を相手に投げかける時には、明らかな笑顔にしましょう。

　このように、場面や状況によって使い分ければ、失礼であったり誤解を招くことを防ぎつつ、常に清々しい表情で、ご利用者様・ご家族様の緊張感や不安感を解消する接し方に近づくことができます。

図1　笑顔の三段活用

❶ 口角を上げる

待機の時、つまり話を聞いている時や何もしていない時の表情です。

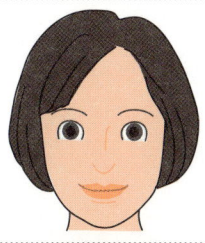

❷ 前歯が見え隠れする

会話をする時、前歯が見え隠れすると、会話中の表情にメリハリが出て、言葉も聞き取りやすくなります。

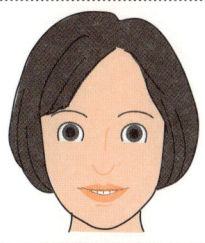

❸ 前歯がしっかり見える

挨拶をする時、「おはようございます」「よろしくおねがいします」「ありがとうございました」など、挨拶言葉を相手に投げかける時には、明らかな笑顔にしましょう。

アイコンタクトの重要性

　表情というと、笑顔だけを意識しがちですが、アイコンタクトも侮れません。

　皆さんは、人に上から見下ろされたら、どのように感じますか。人を見下ろす目線は、相手への軽蔑の意思表示といわれていて、大変失礼なものなのです。逆に下から上目づかいで見られたらいかがでしょうか。

上目づかいの目線というのは、相手に疑心を抱いている意思表示といわれています。これも同様に大変失礼となります。
　では、どうしたらよいのでしょうか。それは、目線の高さを合わせるということです。自分が立っている時、ご利用者様が座位であったり、ご家族様が座っていたら、膝をつく・腰を低くする・時には着席するなどします。逆に、自分がしゃがんでいたり座っていたりしている時に、ご利用者様・ご家族様が立っている状態であれば、立ち上がって応じることで目線の高さを合わせます。いずれも、横着をせずに一度腰を下ろす・立ち上がるなどの些細な行為を用いて、配慮するということになります。
　さらに、アイコンタクトとは、目線の高さを合わせることだけにとどまりません。相手との距離も重要なのです。よく訪問介護員の方で次のような場面を見かけます。

家事援助の調理中に、隣の居室でご利用者様に呼ばれると、キッチンに立ったまま、「はーい、終わったらすぐ行きまーす」と返事をする

　このように、多少でも距離のある相手に応じたい時には、きちんと歩み寄って相手が安心できる距離で応じることが必要です。つまり、

家事援助の調理中に、隣の居室でご利用者様に呼ばれると、いったん手を止め、居室に顔を見せ、「はい、終わったらすぐに行きますね」と応じる

といった配慮をするということです。
　また、高さ・距離と合わせて、さらに"正対"も欠かせません。"正対"とは、顔や目を向けるだけではなく、全身を相手に向けることです。
・高さ　　座位の人には自分も低い位置で、相手が立っていたら自分も

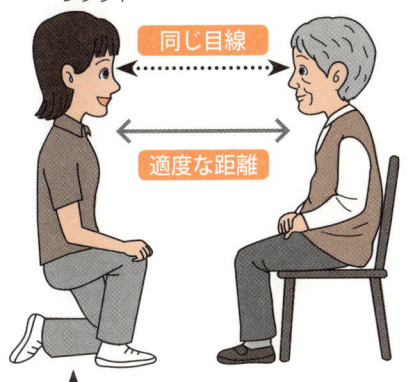

図2　高さ・距離、正対の3点を合わせてアイコンタクト

　　　　立ち上がって応じ、配慮を表しましょう
- 距離　　身を乗り出して、相手に応じる姿勢をみせます
- 正対　　全身を相手に向けると、相手を大切に扱っていることが伝わります

　この3点を合わせて、初めてアイコンタクトとなるのです（図2）。

4. 身だしなみ ── サービスモラルの大前提

そもそも身だしなみとは？

　第一印象の重要性と信頼関係を築くための基本要素を考えて、目から入る情報の中で、「身だしなみ」は最も直接的にご利用者様・ご家族様に判断されるものであり、最も強化・改善しやすい"スキル"です。

　皆さんも、介護従事者として、時計やアクセサリーを外したり、靴を履きかえたり、事業所や施設指定の制服やエプロンを着用して、業務に臨

んでいることと思います。では、そもそも、身だしなみはなぜ整える必要性があるのでしょうか。

その問いかけに対して、多くの方は「不快感を与えない」「印象をよくするため」「清潔な印象づくり」などと答えます。もちろん、それら"相手（ご利用者様・ご家族様・施設見学者など）目線"は大変重要です。しかし、それだけではなく、"自分目線"も大変重要なのです。自分目線といっても、自分の好きな服装、楽な着方をするということではありません。意識の問題、つまり、自分が介護従事者としてのプロフェッショナルな意識のスイッチを入れるということです。

ひと昔前までは、警察官は警察官の制服を着用すると職務のスイッチが入るという例がよく挙げられていました。皆さんは、介護従事者としてのプロフェッショナルな意識のスイッチを入れていますか。スイッチが入っていれば、施設指定の靴を履くだけではなく、決してかかとを踏むことはないはずです。髪のカラーリングはしても、ご利用者様世代に受け入れられる落ち着いた色味になるはずです。結婚指輪ですら、雑菌がたまりやすいという理由から外すはずです。黒・紺・グレーなどの色は、不幸事を連想するということから、着用しないはずです。そして、そのスイッチは、正職員であれ、パート職員であれ、管理者であれ、現場スタッフであれ、介護従事者であれば誰もが入れるべきものなのです。

身だしなみの3原則

身だしなみには、①機能性、②調和性、③清潔感という3原則があります。

・**機能性**

機能性とは、介護従事者としての機能を満たす条件が整っているということです。たとえば、事業所や施設の制服で長袖（ジャンパーや上着を除く）を指定していることは、少ないものです。介護という仕事は、肘が出ていないと排泄介助や食事介助など、さまざまな場面でスムーズな

動作がしづらく、衛生面での問題も考えられるため、半袖の服装が定着しているのです。

- 調和性

調和性とは、個人の服装や身だしなみのトータルバランスということではありません。施設・事業所の一員として相応しくあるということです。以前、ある訪問介護事業所の管理者の方からこんな話を聞いたことがあります。「ご利用者様宅に定期訪問に伺ったところ、ちょうどうちのヘルパーが訪問中だったんです。ところが、そのヘルパーが他の事業所のエプロンを着用して、サービス提供していました。ご利用者様の目の前で注意するわけにもいかず、困りました」。

介護従事者は、施設・事業所に属する限り、一人ひとりが看板商品でもあります。ご利用者様・ご家族様が"感じがいい""きちんとしている""信頼できそう"と感じることが介護従事者に対する印象であると同時に、施設・事業所の評価にもつながるのです。自分が施設・事業所を代表してケアサービスを行っているという意識があれば、規定の身だしなみは当然クリアできるものです。

- 清潔感

清潔感とは、清潔な状態であるということとは意味が異なります。清潔な状態であり、誰もがそれを感じることができるということです。つまり、洗濯をした服という状態にとどまらず、それを見た全ての人に、いつも洗濯して清潔にしていると印象付けることにまで配慮するということになります。

ある施設での話です。20代前半の男性職員が、お会いするたびに不自然な髪型をしているので、ある日「いつも髪型が無造作ですが、寝癖ですか。それともファッションですか」と尋ねてみました。すると「毎日出勤前にシャンプーをして清潔にしていますよ」という答えが返ってきました。たしかにシャンプーをした髪は"清潔"かもしれませんが、見る人によっては"無造作""雑"などという印象になりかねません。せっかくシャンプーをするのであれば、誰にでも"清潔感"が伝わるような配慮が必要です。

身だしなみチェックリスト

自己チェックおよび職員同士などで他者チェックをしましょう

男性用チェックシート	女性用チェックシート
頭髪	**頭髪**
□ 髪はのびていませんか □ フケは出ていませんか（いつも清潔にする） □ 寝癖はないですか（常に乱れのない状態にする） □ 個性を強調しすぎていませんか □ ヘア剤をつけ過ぎていませんか □ 髪染め・脱色はしていませんか	□ 髪は邪魔にならないようにしていますか □ 派手すぎる髪染め・脱色はしていませんか □ 個性を強調しすぎていませんか □ ヘア剤をつけ過ぎていませんか
顔	**化粧**
□ 無精髭は残っていませんか □ 歯はキチンと磨いていますか □ 口臭はありませんか	□ メイクは自然で派手ではないですか（特に紫・青・緑・ピンク等のアイシャドウは濃くならないよう気をつける）
手	**手**
□ 手は清潔ですか（常に洗い清潔にしておく） □ 爪は短いですか	□ 手は清潔ですか（常に洗い清潔にしておく） □ 爪は短いですか □ 派手なマニキュアはつけていませんか
アクセサリー	**アクセサリー**
□ イヤリングはしていませんか □ ピアスはつけていませんか □ 指輪はつけていませんか	□ イヤリングはしていませんか □ ピアスは過度につけていませんか □ 指輪はつけていませんか
香り	**香り**
□ 香水・オーデコロンはつけすぎていませんか	□ 香水・オーデコロンはつけすぎていませんか
名札	**名札**
□ 名札は所定の位置にまっすぐにつけていますか	□ 名札は所定の位置にまっすぐにつけていますか
服装	**服装**
□ シャツに汚れはありませんか □ シャツにシワはありませんか □ ズボンに汚れはありませんか □ ズボンにシワはありませんか □ エプロンに汚れはありませんか □ エプロンにシワはありませんか □ 明るい色を着ていますか	□ シャツに汚れはありませんか □ シャツにシワはありませんか □ ズボンに汚れはありませんか □ ズボンにシワはありませんか □ エプロンに汚れはありませんか □ エプロンにシワはありませんか □ 明るい色を着ていますか
靴	**靴**
□ 靴は擦り切れていませんか □ 靴のかかとを踏んでいませんか □ 色は大丈夫ですか □ 汚れはありませんか	□ 靴は擦り切れていませんか □ 靴のかかとを踏んでいませんか □ 色は大丈夫ですか □ 汚れはありませんか
心の身だしなみ	**心の身だしなみ**
□ いつも笑顔でいますか □ 自分が施設・事業所を代表しているという心構えができていますか	□ いつも笑顔でいますか □ 自分が施設・事業所を代表しているという心構えができていますか

OKはレ点、NGは無印

　最近では、少なくなってきましたが、こんな職員も見かけます。
　・靴のかかとを踏んでいる
　・髪色が派手すぎる
　・ピアスを複数つけている
　靴のかかとを踏んでいては、体位変換など足元が危なっかしくなる時があるかもしれませんし、髪色やピアスは自分では自然だと思っていても、高齢のご利用者様から見れば違和感があるかもしれません。
　身だしなみの３原則は３点セットです。機能性は満たしているけれど清潔感がない、調和していて機能面に問題はないけれど施設内で浮いている……などとなっては意味がありません。

5. 態度 ── 基本動作がものをいう

基本動作が信頼される態度を形成する

　表情・身だしなみと目から入る情報が続きましたが、もう一つ、目から入る情報として挙げられるのが態度です。その態度を形成するのは、皆さんの日頃の「基本動作」なのです。
　「基本動作」というと、背筋を伸ばした立ち姿勢や歩き方、お辞儀の角度など、なんとも堅苦しいイメージを感じるかもしれません。しかし侮ることはできません。なぜなら、あなたの基本動作が、あなたが信頼されるかされないかの態度として形成されるのです。
　たとえば、いつも猫背で伏し目がちな動作の人は、"暗い""自信がなさそう"、いつも腕組み足組みしている人は、"横柄""偉そう"といった態度に映るものです。
　以前、ある施設を訪問した時のことです。フロアの一角で、２名の職

員が会話をしていました。1人の職員は、背筋を伸ばし手を前で合わせつつ、時に手振りを交えながら目を合わせて会話をしていましたが、もう1人は、両手をポケットに入れて、片足体重の休めの姿勢で話をしていました。それを見かけた途端、"この施設では、雑な業務や心ない介護の場面があるかもしれない"と感じました。つまり、施設や事業所でたった1人でも、信頼感を損なう基本動作をすると、その職員だけでなく施設・事業所全体の印象が悪い方へと傾く可能性もあるのです。

　それほど、基本動作に配慮をし、全ての職員がどんな時でも"見られている"という意識を持つことが重要です。

すぐにできる基本動作で信頼度を上げる

　とはいえ、四六時中、基本動作に配慮をすると、大変神経も使いそうですし、かえって不自然な接遇になってしまうことも考えられます。

　そこで、要所要所で信頼度を上げる基本動作を紹介します。

・立ち方

　まずは、立ち方です（図3）。居室に入る時、初回訪問時、施設見学者やご家族様と挨拶する時などの場面では、ぜひ行っていただきたいものです。

①足：かかとをつけ、つま先は30〜45°くらいに開く

　（男性はかかとをつけず肩幅くらいに開いてもよい）

②腹：へそを縦に伸ばすように

③胸：肩甲骨を寄せて胸を開く

④頭：天井から糸で引っ張られるように

⑤手：横に広げそのままストンと下ろす（女性は前で組んでもよい、片手を片手で包み込むように自然に）

・座り方

　次に、座り方です（図4）。相談業務や契約時など、相手と対峙する時に必要となります。

①背筋を伸ばし、背もたれと自分の背中の間に握りこぶし1つ分程度空

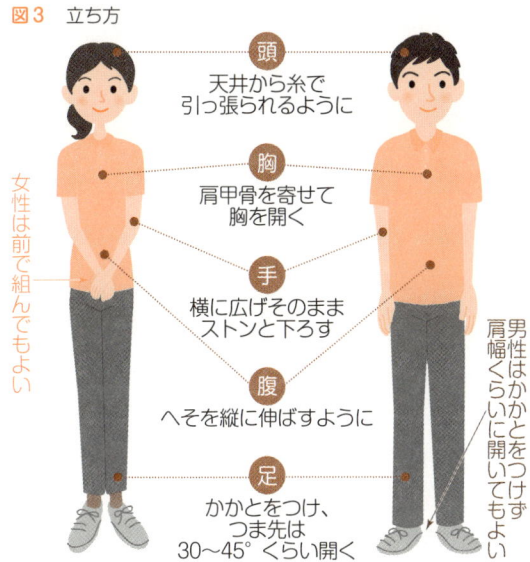

図3　立ち方

頭　天井から糸で引っ張られるように

胸　肩甲骨を寄せて胸を開く

手　横に広げそのままストンと下ろす

腹　へそを縦に伸ばすように

足　かかとをつけ、つま先は30〜45°くらい開く

女性は前で組んでもよい

男性はかかとをつけず肩幅くらいに開いてもよい

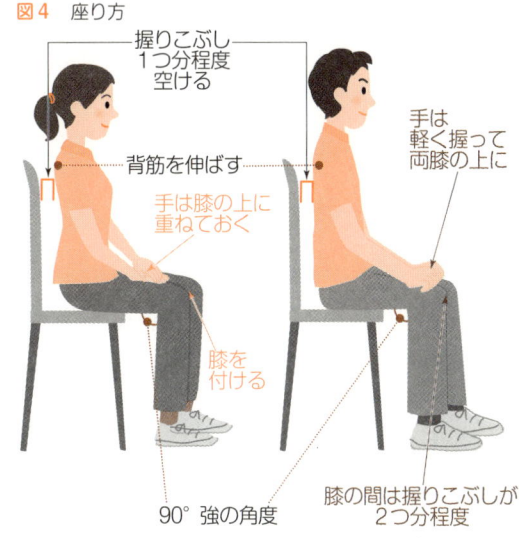

図4　座り方

握りこぶし1つ分程度空ける

背筋を伸ばす

手は膝の上に重ねておく

膝を付ける

90°強の角度

手は軽く握って両膝の上に

膝の間は握りこぶしが2つ分程度

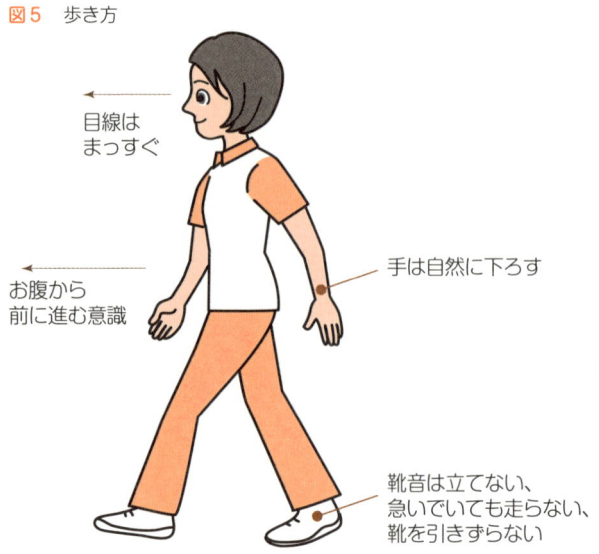

図5 歩き方
- 目線はまっすぐ
- お腹から前に進む意識
- 手は自然に下ろす
- 靴音は立てない、急いでいても走らない、靴を引きずらない

ける
②会話が進んだら、身を乗り出す
③足は膝を90°強の角度で床に下ろす
④女性は膝を付け、男性は膝の間に握りこぶしが2つ分入る程度開く
⑤女性は手を膝の上で重ねておき、男性は軽く握って両膝の上に置く
⑥腕組み・足組みはNG

・歩き方

続いて、歩き方です（図5）。

特に④は介護職において欠かせません。なぜなら、居室や施設内は利用者にとって生活の場であり、靴音のバタバタ感で心地良さを損ねることとなるからです。

①お腹から前に進む意識
②目線はまっすぐで、首振り頭振りはしない
③手は自然に下ろす
④靴音は立てない、急いでいても走らない（早歩きはOK）、靴を引きずらない

・お辞儀

　大切な場面では、ぜひお辞儀も使いましょう(図6)。神経質になりすぎる必要はありませんが、謝罪をしなければならない時に軽々しい会釈になってしまったり、会釈で十分な場面で仰々しい最敬礼になってしまわないように、使い分けられることが肝要になります。

①語先後礼(言葉を言いながらではなく、言い終わってから、礼をする動作)を心がける

②15°…会釈：「失礼致します」「恐れ入ります」など声掛けの時

③30°…基本礼：「よろしくお願いします」「おはようございます」など一般の挨拶

④45°…最敬礼：「申し訳ございません」「ありがとうございました」謝罪・深い感謝の時

・物を介す

　介護現場では、"物を介す"場面が多いものです。"物を介す"とは、たとえば、ご家族様に保険証をお返しする・ご利用者様にスプーンを手渡すなど、相手と物の受け渡しをするということです。

　中でも、④速度は、介護現場ならではのスキルです。壊れ物や重さのある物、大切な書類などでは、特にゆっくりと丁重に扱う動作が必要に

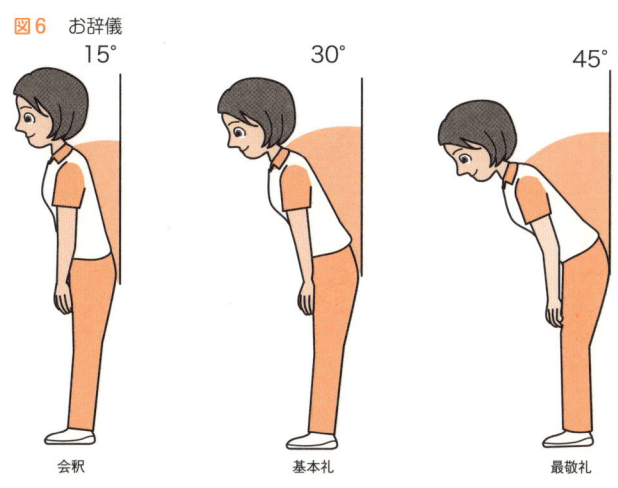

図6　お辞儀

なります。
①両手で扱う
②アイコンタクト(高さ・距離・正対)
③言葉を添える
④速度(ゆっくり手渡すとしっかり受け取ろうとする心理が働く)

　いずれの基本動作も、4〜5のポイントを挙げましたが、全て合わせて行いましょう。会釈のお辞儀はできるけれど最敬礼はできない、背筋を伸ばし身を乗り出して座っているけれどついつい足組みをしてしまう、言葉を添えて速度を意識した物の受け渡しをしているけれど片手での扱いが多い、などのようにそれぞれ1つでも欠けてしまうと、途端に信頼度が下がるきっかけになります。昨今の特徴と傾向である権利意識が高まっているご利用者様・ご家族様に応じるためにも、精度の高い基本動作を使いこなしていただきたいものです。

6. 言葉遣い ── 心を伝える接遇ツール

言葉遣いの前に声を磨こう

　ここまで表情・身だしなみ・態度と、第一印象の目から入る情報、接遇力の視覚的要素について、述べてきました。しかし、もちろんそればかりではなく、耳から入る情報、つまり聴覚的要素の声・言葉遣い・話し方なども、接遇力として欠かせません。

　相手が耳で感じるといえば、まずは声が聞き取りやすく心地悪くないものかどうか、ということです。早口は一方的でせっかちな印象になりがちです。大きな声は元気な印象が感じられることもありますが、耳障

りになることもあります。語尾が曖昧だと暗く不安感が生じます。淡々としていたら、事務的で冷たいものになります。

　つまり、明瞭な発声・発音でありながら、相手や状況に見合っていることが欠かせません。その上で、声ばかりではなく、言葉遣いや言葉尻、口調などの表現の仕方、話の構成、そして間や抑揚など、総合的な聴覚から、「信頼できそう」「明るい人だ」「ハッキリしなくてイライラする」などの印象が生じていくのです。

言葉"使い"ではなく言葉"遣い"

　では、さまざまな価値観や多様な生活スタイルを確立してきた人生の大先輩であるご利用者様やそのご家族様に対して、どのような言葉や表現が望ましいのでしょうか。

　それは、言葉遣いとしての言葉を用いるということに尽きます。"遣"という漢字に注目してみましょう。言葉遣い以外に、どのような単語で用いるでしょうか。「気遣い」「心遣い」「お小遣い」「遣唐使」「派遣」「思い遣り」……などが挙がります。その意味を考えると、どれも相手や状況に見合って応じるということです。お小遣いも相手によって中身が変わりますし、遣唐使も唐の国に応じられる人です。その、相手や状況に見合って応じるということを実現するには、敬語を使いこなせるということも欠かせないのです。

　敬語は言葉の必須ツールです。敬語には、尊敬語・謙譲語・丁寧語と大きく分けて3種類があります。相手を敬う時に、相手を敬い相手の行為や行動を表現する尊敬語・自分(たち)が謙り自分(たち)の行為や行動を表現する謙譲語・お互いの立場はさておき、言葉そのものを丁寧に表現する丁寧語、敬語はこの3点1セットです。どれか1つだけがきちんとできても有効ではありません。尊敬語では、相手を敬うので相手が主語での表現時、謙譲語では自分(たち)は謙るので自分(たち)を主語とした表現時に用います。大切なのは、場や人に応じて3種を遣い分けるこ

とです(表3)。あなたは、遣いこなせていますか？ もう一度確認してみましょう。

表3　敬語の種類と言い換え法

敬語	尊敬語	相手の動作・状態・性質・所有物に対し敬意を表すための言葉 1．「れる」「られる」型（軽い尊敬語） 2．「お(ご)〜になる」型　　　例：お帰りになる　お待ちになる 3．「お(ご)〜(て)下さる」型　例：お話しくださった件について 4．「お(ご)〜なさる」型　　　例：詳しくご説明なさいました
	謙譲語	敬意の対象となる相手に対し、自分を謙って謙虚さを表す言葉 1．「お(ご)〜する」型　　　例：○○様、ご案内致します 　　　　　　　　　　　　　　　　ご連絡致します 2．「お(ご)〜(て)頂く」型　例：お電話(して)頂きました 3．「お(ご)〜願う」型　　　例：お渡し願いたい 4．「お(ご)〜申し上げる」型　例：先程申し上げた通り…
	丁寧語	物事を丁寧に表現することにより相手に柔らかい感じを与える言葉 1．「です」型　　　　　　　例：私の会社は○○です 2．「ます」型　　　　　　　例：カタログがあります 3．「ございます」型　　　　例：あちらに椅子がございます 4．名詞に「お」「ご」をつける　例：お食事・お車・ご自宅

（謙譲語を「謙譲語Ｉ」と「丁重語」に、丁寧語を「丁寧語」と「美化語」に分ける場合もあります）

● 3点セットの敬語の言い換え、下段に適切な表現を記入してみましょう。必ずしも、上段の言い換え法通りではないものもあります(解答例は巻末に掲載)

	丁寧語	尊敬語	謙譲語
言う	言います	おっしゃる	申し上げる
行く			
来る			
見る			
聞く			
話す			
持つ			
食べる			
もらう		※	
与える		※	
いる			
する			
会う			
知っている			

※該当する表現はありません。

7. 話し方 ── 信頼を築き上げる表現

言葉遣いだけでは節度にならない

　接遇力には、第一印象の影響度を踏まえ、相手が目から・耳から・頭から感じる情報でいかに好感度を上げ、信頼へとつなげていくことが欠かせないと説いてきました。そして、聴覚的要素の声・言葉遣いを磨くポイントをお伝えしました。しかしながら、どんなに明るく清々しい声色

でも、正確で完璧な敬語を用いた言葉遣いであっても、話し方次第で「慇懃無礼（いんぎんぶれい）」「鼻に付く」印象になることも否めません。敬語の言い換えが完璧であればよし、ということではないのです。完璧な敬語によって、かえって慇懃無礼で冷たい接遇になってしまうこともあります。

　そこで、欠かせないのが、言葉尻、口調などの表現の仕方、話の構成、間などです。話し方──言葉尻、口調などの表現の仕方、話の組み立てなどについての接遇力が必要になります。

すぐにできる豊かな表現

　話し方が淡々として一本調子では「事務的」、抑揚や強弱がなければ「冷たい」と、好印象から遠ざかるとともに、伝わるものも伝わらないでしょう。というと、どのように話したらよいのか悩ましく感じますが、最も簡単で最も効果的な豊かな話す方法をご紹介します。

> ①大事な箇所を「ゆっくり」「大きく」
> ②一文は短めに「30字以内」
> ③言い切り口調「〜します」「〜ということです」
> ④言葉癖を減らす「えーと」「あのー」「んー」などはNG

　この４点を確実に行えば、多少早口でも、大事なところは「ゆっくり」「大きく」強調され、ややこしい話でも一文が「30字以内」で端的に伝わりやすくなります。また、「〜ですが……」「〜けれども……」などと文節で尻切れトンボになる表現は曖昧で、時に責任感が欠如している伝わり方になります。曖昧な表現ではなく、「お電話します」「来週ということです」などの口調で意向がきちんと伝わり、さらに不要な言葉癖が減れば、誰にでも聞きやすくなります。

わかりやすい話は「主・副・主」で組み立てる

　最もわかりやすく、組み立てもしやすい、つまり効果覿面（てきめん）なのが「主・副・主」法です。その名の通り、初めに最も伝えるべき要点や結論、次にその根拠や理由、最後に最も伝えるべきことでご利用者様やご家族様の理解を促す、という組み立てです。

例

主：導入 ── 全体　　「障子の張り替えについては、承（うけたまわ）れないことになっています」

⇩

副：本論 ── 部分を詳しく　　「介護保険でのサービスについては……（詳しく述べる）」

⇩

主：要約 ── 結論　　「ということで、障子の張り替えについては、承れないことになっています」

尊重の表現になる口調

　相手を大切に扱っている表現を用いると、ご利用者様・ご家族様への尊重が伝わります。その手法をいくつかご紹介します。

・YES/BUT法＝肯定を前提に

　「はい」「そうですね」と相手に対して共感を添えてから、伝えたいことを表現します。

❌「訪問日は×日で考えています」

○「そうですよね。ご心配ですよね。×日に訪問したいと考えています」

・マイナスプラス法＝マイナスをプラスで打ち消す後押し言葉
　マイナス（相手にとってよくないこと）とプラス（相手にとって嬉しいこと、助かること、よいこと）を同時に伝えたい時には、プラスを後半に表現すると前向きに解釈してもらえます。

✗「お調べしますが、お時間がかかりますよ」

○「お時間はかかりますが、お調べします」

・クッション言葉＝プラスアルファで好感度アップ
　椅子に置くクッションと同じように、一言をプラスして配慮を伝えます。

✗「こちらにお座りください」

○「よろしければ、こちらにお座りください」

・スイッチ法＝否定を肯定、命令を依頼
　語尾の表現を切り替えることで、尊重感を高めます。

第2章

❌ 「田中施設長はいません」

⭕ 「田中施設長は外出しています」

❌ 「お待ちください」

⭕ 「お待ちいただけますか」

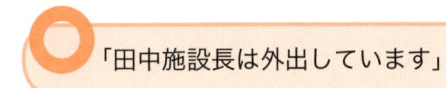

・クッション言葉＋理由＋言い回しの工夫＋意向を尋ねる（または代案）
　日常的に、上記の手法を合わせて用いると、常に丁重で配慮をしている表現が実現できます。

　例　「恐れ入りますが、私ではわかりかねますので、詳しい者から、後日お答えするということでよろしいでしょうか」

・使いこなしたいクッション言葉（一例）
　◆「恐れ入りますが～」
　◆「失礼ですが～」
　◆「あいにくですが～」
　◆「お手数をお掛けしますが～」
　◆「ご足労をお掛けしますが～」
　◆「申し訳ありませんが～」
　◆「恐縮ですが～」
　◆「せっかくですが～」
　◆「さっそくでございますが～」
　◆「よろしければ～」
　◆「お差支えなければ～」

- 「ご面倒をお掛けしますが〜」
- 「勝手を申しますが〜」
- 「度々ですが〜」
- 「ご存知とは思いますが〜」

・絶対に避けたいワースト言葉

1. 否定語・拒否語・非難(批難)語
   例 「わかりません」「違います」「間に合いません」
   「知りません」「ですから、さっきから何度も申し上げたように」
   etc……

2. 不安語・あいまい語
   例 「たぶん」「おそらく」「だと思うんですが」「さあ」 etc……

3. 専門用語・業界用語・略語
   例 「ケアマネ」「特養」「老健」「折り電」「ワン切り」「サ責」 etc……

4. 命令形
   例 「それはダメです！」「〇日までに来てください」「確認してください」
   etc……

5. 流行語・クセ
   例 「えーっと」「鈴木の方は」「一応」「っていうか」「とりあえず」
   「私的には……」「よろしかったでしょうか」 etc……

・次の表現にクッション言葉をつけるとしたら？
- 「お電話いただけますか」
- 「課長の田中は外出しております」
- 「保険証をお持ちいただけますか」
- 「担当の者がいたします」
- 「携帯電話の番号をお聞きしてよろしいですか」
- 「介護保険のサービス外になります」
- 「少々お待ちいただけますか」
- 「相談室にご案内します」
- 「私がご用件を伺います」

● 適切な表現に変えてみましょう。敬語の言い換えだけではなく、尊重の表現を活用してください（解答例は巻末に掲載）

誰ですか？	
どうしましたか？	
今、行きます	
お待ちください	
すみません	
私がします	
確かめてください	
午後3時までに返事がほしいのですが	
10時に約束してます	
ご家族が申されたように	
ちょっとうちではできません	
そこに座ってください	
ご家族のことは聞いてます	
○○さん（利用者）はどれにしますか？	
急ぎですか？	
もう一回言ってください	
施設長、事務長が呼んでますよ	
〜してもらえませんか？	
もしもし（電話で）	
帰ったら、そう言っておきます（電話で）	

8. 聴き方 ── 相手や状況を知る近道

「発信」だけではなく「受信」も欠かせない

　接遇力には、第一印象の影響度を踏まえ、相手が目から・耳から・頭から感じる情報でいかに好感度を上げ、信頼へとつなげていくことが欠かせないとの考えにもとづき、ここまで、「挨拶」「表情」「身だしなみ」「基本動作」「言葉遣い」「話し方」と、ご利用者様・ご家族様に発信するスキルをお伝えしてきました。

　しかしながら、実は侮れないのが"聴く"ということです。いくら「挨拶」「表情」「身だしなみ」「基本動作」「言葉遣い」「話し方」と発信するスキルが長けていても、それが一方的であったり、ご利用者様・ご家族様の心情を蔑ろ(ないがしろ)にしたり、状況に見合わないということでは意味がありません。

　施設や事業所に伺った際、「人の話を最後まで聞かない」「話の腰を折る」聴き方をする人を見かけます。そのような聴き方では、会話がかみ合わなかったり、同じことを何度か説明しなければならないことも多く、そればかりか大切に扱ってもらっていないという気持ちが生じかねません。

　たとえば、サービス提供者がご利用者様宅を定期訪問した際に、「この前もヘルパーさんに話したんですけど……」と初耳のご利用者様の要望や真意を聞いたことはありませんか。それは、担当ヘルパーがご利用者様の話をきちんと聴けずにいるということです。聴けていないので、もちろん事業所にも報告は上がってきませんし、ヘルパーはご利用者様に適切に応じていないという可能性も十分にあるのです。それでは、"さまざまな価値観に見合う""多様に応じられる"サービス提供には至らず、求められる介護サービスには不相応となります。

3つの"きく"

　"きく"には3つの種類がある、という話を知っている人もいるのでは

ないでしょうか。

　介護従事者の多くは、資格取得の際に、受容と共感・利用者との接し方・はたまた職業倫理などの講義で、"きく"ということを学んでいるものです。確認してみましょう。

・聞く＝hear
　声や音をありのまま、そのまま聞きます。
・聴く＝listen to
　耳へんに十四の心と書くとおり、感情や意識を持って聴きます。
・訊く＝ask
　訊問（尋問）と表現するように、尋ねる訊き方です。

　このように３種類を比較してみると、"聴く"が最も重要に思えてきます。しかしながら、そうとも言い切れません。そもそも、身近な状況で何が起こっていて誰がどんなことを言っていたのか、ありのまま聞けないと、解釈の仕方が自分が直接かかわっている部分に偏ったり、自分の興味のあること・得意な範疇に限られることがあります。尋ねる訊き方は、サービス提供をする上で、状況把握をするために欠かせない場面も多々あります。

　要は、３種類ともバランスを持って活用する、つまりは使いこなすことが求められるのです。

"きく"ことのメリットと実践スキル

　人は誰しも、相手に伝えたいことがあると、なんとか理解を得ようと、ボキャブラリーを思いっきり活用して、"話す"ことのウエイトが高くなります。ところが、それが落とし穴なのです。自分の解釈や考え、心情など、自分としては大切・有効と思われるあらゆることを引っ張り出し並べている間に、自分だけの一人相撲になることが非常に多いのです。それも、自分ではかなり丁寧・親切に頑張ったつもり、いえ実際に頑張ったので「どうして理解してもらえないんだろう」「こんなに要望に応えら

れるよう努めたのに」などと、疑問符を抱えたまま退散することになるのです。

"きく"ということには、いくつかのメリットがあります。

> ①一方的な雰囲気を払拭し双方感が生まれる
> ②相手の理解度や状況を確認できる
> ③相手や状況に見合った話にフォーカスができる
> ④真の問題点や課題が収集できる
> ⑤結論が押し付けにならない

いかがでしょうか。どのメリットも"さまざまな価値観に見合う""多様に応じられる"サービス提供につながるのです。

しかしながら、バランスを持って"きく"ことにもスキルが必要です。単に聴き手に回ればうまくいくというわけではありません。さっそく今日から活用できる"きく"スキルをご紹介しましょう。

・姿勢

身を乗り出す。ふんぞり返って横柄になったり、縮こまって不安な印象にならないように気をつけましょう。

・表情

笑顔・真顔・共感の表情・恐縮の表情と、話の内容に応じ自然な変化を。

・アイコンタクト

相手の目を凝視せずに、話をしている時の7割弱、目線を向ければ熱心に聴いているという印象になります。目線の範囲は相手の眉から鎖骨の間程度を自然に見ましょう。

・手元

日本には"手の内を隠す・見せる"という言葉があります。手元は相手に見せたほうが安心感を与えます。話の内容に見合ったジェスチャーも有効です。腕組みはNG。

・足元

対面で話している時は、足組みはやめましょう。貧乏ゆすりはもって

のほかです。
- 返事
  基本は「はい」、二度返事はやめましょう。
- あいづち
  返事と違い、相手の話や気持ちに寄り添ったバリエーションある反応を表現します。最低15種類のあいづちを持ちましょう。
- 復唱
  相手の話を繰り返すので、話した人は自分の言ったことが時折返ってくることで、聴いてくれている・理解してくれていると実感できます。

  オウム返し：相手の話をそのまま返す
  (例) 相　手　「昨日もうどんを食べました」
  　　 自　分　「昨日もうどんを食べたのですね」

  部分返し：相手の話の一部を返す
  (例) 相　手　「昨日もうどんを食べました」
  　　 自　分　「昨日もですね」

  要約：相手の話を要約して返す
  (例) 相　手　「昨日もうどんを食べました」
  　　 自　分　「昨日と同じなんですね」

  言い換え：相手の話から掘り下げた言葉を返す
  (例) 相　手　「昨日もうどんを食べました」
  　　 自　分　「今日はうどんじゃないほうがよいということですね」

- 質問
  　質問は関心を持っていれば必ず生じるものです。そしてその答えから相手や状況を把握することができます。

  　しかしながら、間違ってしまうと、まさに尋問のようになってしまったり、立ち入り過ぎたり、唐突で失礼な質問になることもしばしばです。特に気をつけたいのが否定質問です。文字通り、「どうして食べたくないんですか」「息子さんのこと、わからないんですか」などと相手を否定し、時には非難や拒絶となる質問です。否定質問は決して用いず、

「どうしたら食べたくなるでしょうか」「息子さんのこと、おわかりですか」などと肯定質問になるようにしていきましょう。

また、クローズド質問ばかりを用いていると、相手の話す分量がどんどん減ってしまうことになります。クローズド質問に偏らないように活用することも留意点です。

クローズド質問：答えが限定している質問
(例)「洗濯しましょうか？」→「はい」または「いいえ」

オープン質問：答えがさまざまな質問
(例)「何からしましょうか？」→「洗濯をお願いします」「着替えたいです」など

肯定質問：相手を認め肯定する質問
(例)「おわかりいただけますか？」

否定質問：相手を非難し否定する質問
(例)「おわかりいただけないのですか？」

未来質問：これからのことを引き出す質問
(例)「何を食べましょうか？」

過去質問：今までのことを問う質問
(例)「何を食べましたか？」

第2章

同僚の方とペアで会話をし、お互いの"きく"を5段階評価してみましょう。

"きく"チェックシート

対象者：＿＿＿＿＿＿＿＿＿＿＿＿　　チェック者：＿＿＿＿＿＿＿＿＿＿＿＿

	とても良い	まあまあ	ふつう	良くない	要改善
・熱心にきくスキル					
▶表情	5	4	3	2	1
▶アイコンタクト	5	4	3	2	1
▶姿勢	5	4	3	2	1
▶距離	5	4	3	2	1
▶角度	5	4	3	2	1
・理解を示すスキル					
▶うなずき	5	4	3	2	1
▶返事	5	4	3	2	1
▶あいづち	5	4	3	2	1
▶復唱	5	4	3	2	1
・話を促すスキル					
▶クローズド質問	5	4	3	2	1
▶オープン質問	5	4	3	2	1
▶肯定質問	5	4	3	2	1
▶未来質問	5	4	3	2	1
▶過去質問	5	4	3	2	1

コラム

　某大手社会福祉法人での、新卒新人の集合研修でのことです。研修日は入職式の翌日でした。研修開始前〜スタート〜小休憩〜昼食休憩〜と、なんだか違和感がありました。

　考えてみると、「おはようございます」「よろしくお願いします」「お疲れ様です」「失礼します」「ありがとうございます」など、挨拶の言葉が新人たちから一切出ていなかったのです。もちろん、私からは「おはようございます」「よろしくお願いします」「お疲れ様です」と節目節目に発しました。中には、その言葉に反応して、言葉を返してくれる新人も何人かはいました。でも、自ら率先して挨拶する姿が少ないのです…。

　よくよく観ていると、法人内の研修担当者や採用時からの顔見知りである人事担当者には、自ら挨拶や声かけをしている姿が見当たります。

　そこで、午後の研修開始時に、彼らに聞いてみたのです。

　「朝から半日、ご一緒していますが、皆さんから挨拶の声がかからないのが、私としては不思議です。何か理由があるのですか？」

　すると、1人が答えてくれました。

　「知らない人には、自分から声をかけるものではないと思います」

　答えてくれた方を含め、複数の方の話を聞くと、彼らは子どもの頃から"知らない人に声をかけたり目を合わせたりしてはいけない"と大人に言われ続けて育った過程があるとわかりました。研修担当者や人事担当者は"知っている人"で、初対面の私は"知らない人"ということです。また、入居のご利用者様はお客様なので挨拶できる、彼らが理解できる定義があればできるということです。「挨拶ができない」のではなく、「挨拶の定義が違う」のです。

　たしかに、今の社会では、小学生や幼い子たちに、"知らない人に声をかけたり目を合わせたりしてはいけない"と教育するのが常識の1つかもしれません。その認識を前提にした世代が、今、社会人として一歩踏み出す時期になりつつあるのです。

　このことから、新卒世代に限らず、主婦や他職種者からの転職者も含め、それぞれに価値観や解釈の仕方があると考えることができます。では、どうしたらいいでしょうか。それは、Why(なぜ)を共通理解できる工夫が必要ということです。

　介護従事者の自己研鑽はもとより、朝礼や勉強会、業務の中での職員間の声掛けや施設・事業所内での接遇基準作り、接遇委員会の設置・稼働など、いかようにでも取り組める環境を創り上げていくことが必然と考えられます。

第3章
接遇の応用スキル

1. コミュニケーションスキルで接遇力を醸成させる

真の接遇のために

　接遇力はご利用者様・ご家族様との日常的なさまざまな場面で問われるものです。ついつい、プライドの高いご利用者様には声が掛けづらく冷淡になったり、顔なじみになったご家族様に対しては馴れ馴れしい態度になったり……など、もちろん介護従事者の皆さんに悪気はないことでしょう。しかしながら、それでは「"さまざまな価値観に見合う""多様に応じられる"ことが不可欠」「接遇力が身に付いていて、それらを状況や相手によって遣い分けていく懐の深さを持ち合わせることが求められる」「人としての力を高めるべきこと」と説いてきたこととは、温度差があります。

　そこで、真の接遇をもって、ご利用者様・ご家族様に対応するためのコミュニケーションスキルを解説しましょう。それらをもって、接遇力の醸成を図りたいものです。

相手や状況に見合った空間管理

　接遇とは、単に感じがよい、トラブルやクレームなどの難局を乗り越えるということばかりではありません。ご利用者様・ご家族様が自然体で違和感のない環境設定も、大きな要素になるのです。少なくとも、ご利用者様・ご家族様が居心地が悪かったり、落ち着かないのでは、どんなに接遇力を駆使しても、効果は期待できません。よく、自分のペースで、自分の得意な場面や話題などで、接遇力を発揮しようとする人がいます。これは、大きな間違いです。なぜなら、第1章でお伝えしたCSの立ち位置とは真逆の、自分本位の接遇ということになるからです。お互いに自然体なかかわり方ができてこそ、清々しい接遇が実現できるのです。

　環境設定といっても、施設内の相談室を一掃したり、ホテルマンのよ

第3章

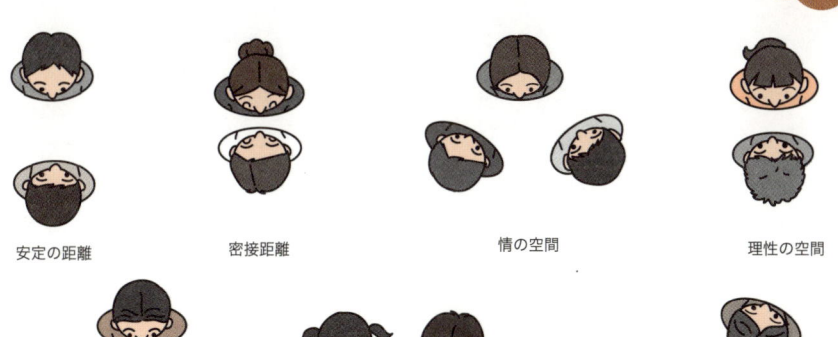

安定の距離　　密接距離　　　　情の空間　　　　　理性の空間

恐怖の空間　　　　対等の距離　　　　　拒絶の距離

うな立居振る舞いをするとか、わざわざコストをかけたり、気負って無理をすることではありません。今すぐできるちょっとした着眼点と対策があるのです。

　それは、話をする時・声掛けする時のご利用者様・ご家族様との距離や角度です。友人とランチに入った店で、あいにくカウンター席しか空いていなかった時、カウンターはしっくりこないから、すぐ近くのファミリーレストランのボックス席にしよう、と思ったことはありませんか。恋人同士であれば、カウンターに横並びでも違和感はないと感じる人も多いでしょう。

　このように、相手や状況・目的などに応じて適切な環境設定が整えば、感じがいい・信頼できる・配慮してくれていると、相手本位の接遇に近づくのです。

感情の根拠を考える

　人は地球上唯一の感情の生き物です。ゆえに、ご家族様に一方的な言い分を言われて萎縮したり、なかなか理解してもらえないご利用者様にイライラしたり、ご利用者様の切実な要望に応えたいと思ったり、多忙

なご家族様の疲れを察したり……と、皆さんもさまざまな感情とともにご利用者様・ご家族様と接していることでしょう。

　しかし、感情に惑わされないことも重要なのです。もちろん、決して感情が×とは限りません。感情をシャットアウトしてしまうと、かえって無機質で事務的な関係となることもあるので、信頼関係を築こうと思えば、自分の感情に正直であることはとても大切です。

　とはいえ、感情論では前に進まないことも多々あるものです。そこで、ご利用者様・ご家族様、そして自分自身の感情の根底にどんな事実があるのか、その感情は何(具体的な出来事)にもとづき発生しているのか、をいつも念頭に置き、対応していくことが必要です。

　こんな口癖のある人はいませんか。
　・事業所への報告時　　「まずいことになりました」
　・ご家族様への対応時　　「とにかく急いで向かいます」
　・リハビリ時のご利用者様への声掛け時　　「いい感じですよ」

　これらは、全てサービス提供の中でありがちな会話のひとことです。よく考えてみてください。「まずいこと」「とにかく急いで」「いい感じ」は、自分の感情(思い)です。もちろん、相手に適切に伝わることもあります。でも、実際には伝わらないことが意外と多く、伝わらないということは、ご利用者様・ご家族様とのギャップが生じたままサービス(仕事)を進めていくことになります。そのギャップが大きくなれば、トラブルにつながることもあり、大きくならずに、またギャップそのものがほんのわずかでも、同じことをまた説明する・いま一つ通じていないので自分で何とかするなど、信頼関係の障害になることになるのです。

　「まずいことになりました」と聞いた所長は、「あ、またパニクッてるな」と冷ややかな目をしているかもしれません。「とにかく急いで」と言われたご家族様は、玄関先で待っているかもしれないのに、実際にはその日の夕方の訪問になるかもしれません。「いい感じですよ」と声をかけられたご利用者様は、「いつも頑張っているのに、ちゃんと見ていてくれない」と思っているかもしれません。

では、その思い（感情）の根拠を考えた上で、例を挙げてみましょう。
・事業所への報告時　「サービス時間を間違えていました」
・家族への対応時　「１時間後に伺います」
・リハビリ時の利用者への声掛け時　「今日はよく足が伸びていますね」

　お気づきでしょうか。"感情"をストレートな言葉にするのではなく、"事実"にもとづいた表現として相手と共通認識できる、つまり相手に配慮をしている・状況を踏まえているということになるのです。

相手や状況に応じた引き出しを持つ

　第２章でお伝えしたように、コミュニケーションはよくキャッチボールにたとえられます。キャッチボールは、まずボールを投げなければ始まりません。その第一投が挨拶で、それも相手が受け取れる場所でないと、とんでもない暴投になったり、身体にぶつけて怪我をさせてしまうかもしれません。
　受け取れる場所だけではなく、投げ方も同様です。直球が受け取れる相手もいれば、緩やかなボールしか受け取れない相手もいます。あまり

意識をしすぎると、緩やか過ぎて相手の足元にも届かないこともあります。相手が受け取ってくれた……それだけでは、キャッチボールになりません。自分に投げ返してもらうことが必要です。それも、どんなボールでも投げ返してもらえればよし、というのではありません。自分が受け取れるボールでないと成立しないのです。相手が渋々だったり、逃げ腰だったりすると、そのキャッチボール＝コミュニケーションは、あくまでも表面上にとどまり、信頼にはつながりません。まさに、双方向であることが不可欠なのです。

　皆さんは、介護従事者として、ご利用者様・ご家族様や状況を十分認識していますか。初訪だったらとにかく明るくさわやかに・ご家族様と話す時は襟を正して、などとパターン化していませんか。パターンを備えているということは、とても良いことです。しかしパターン化しすぎずさまざまな合わせ技で、相手や状況に応じて、自分の中から引き出すことで初めて、双方向のコミュニケーションになり、互いに前に動くのです。それも、その場の思いつきや感情ではなく、相手と共通認識できる事実にもとづいた引き出しであれば、介護サービスとして間違いなく前進します。

　双方向のコミュニケーションを図るには、自分の特性や強み・弱みを客観認識し、同時に相手がどのようなタイプなのかを掴み、双方の共有できるやりとりが必要と考えられます。

　ご家族様が理解できるようにと、こと細かに介護保険制度の詳細を説明しても、そのご家族様が論理的な話が苦手であれば、通じないどころか、「難しくて嫌気がさす」などと、双方向には到底及ばないということもあります。

　たとえば、演歌カラオケ大好きのご利用者様のご家族様に担当スタッフを紹介する時、「この道30年のベテランですから、安心してお任せください」と勧めました。しかし、ご家族様の反応はいま一つです。それもそのはず、"この道30年のベテラン"というのは、自分（自社）にもとづいた経緯ですが、ご家族様にとっては重要なことではありません。それど

ころか、「結構年配の人なんだな」「ちゃんと話が合うだろうか」など、ご家族様にとっては、ともすれば不安要素も浮かんできます。

相手本位でのコミュニケーションが図れていないのです。「演歌に詳しいですよ」「ちなみに、趣味はカラオケです」などと、相手の真意や状況と絡めてこそ、双方向のコミュニケーションになるのです。つまりは、相手や状況に応じた接遇の"引き出し"があり、それを活用できることが必要なのです。

相手の真意や状況と絡めることも、その人のタイプによって効果的ポイントが変わってきます。理屈っぽい人、行け行け邁進タイプの人、思慮深い人、人情味のある人……ここでは、人間の行動タイプを4つに分類してみました。自分は、また相手はどのタイプに属するでしょうか。

4つのタイプ別　効果的な着眼ポイント

慎重派

裏付けや根拠を重視するタイプです。お世辞話や下手なパフォーマンスなどせずに、詳しい資料や詳細な説明を提示することが必要です。完璧主義で思慮深いので、急がせず、こちらもトコトン付き合うつもりでいることを、誠意をもって表現すると効果的です。

有効ポイント ▶ ・数字　・裏付け
　　　　　　　　・根拠　・詳細

NGワード ▶ 「こんな感じで…」
　　　　　　　「たぶん…」

OKワード ▶ 「書類は全てご用意しました」
　　　　　　　「自己負担額の詳細を出してみました」

安定派

安全第一で、周囲とのバランスや影響を気にします。一般的にはどうなのか、サービスによってどのような支援ができるのかなど、安心材料に対して興味を引かれます。話をする時は、世間話や共通の話題などから、緊張感を取り払い穏やかな雰囲気が効果的です。また、バランスを重んじるので、ご家族様やご近所の喜びに結びつく材料を提供すると喜びます。

有効ポイント ▶
- 周囲とのバランス
- はじめてのことは嫌がる
- 周囲の意見
- 共通の話題

NGワード ▶
「お任せします」
「とにかくやりましょう」

OKワード ▶
「皆も利用しています」
「過去にトラブルは一度もありません」

主導派

何が良くて、何が悪いのか、単刀直入・ストレートに伝えることが効果的です。慎重派と同様、裏付けや根拠が意味を持つタイプですが、時間をかけたり、ややこしい話は苦手です。根拠といっても、詳細な書類や緻密な計算などは、面倒くさくて嫌気がさします。スピーディに、端的であることが欠かせません。

有効ポイント ▶
- 迅速
- 結果が明確
- 簡潔
- 率直

NGワード ▶
長い話、余計な世間話

OKワード ▶
「２つ、伝えたいことがあります」
「結論をお伝えします」

第3章

感化派

楽しいことが大好きなタイプです。細かい・詳しい話は大嫌いです。夢やロマンを明示し、「さすが！」「あなたこそ！」など、注目されることに心が動きます。安定派同様、人指向ですが、穏やかで平和ではなく、皆の中で注目されることでやる気になります。たくさん話をさせることで、巻き込んでいくことができます。

有効ポイント ▶ ・夢 ・楽しい
・喜び ・ワイワイガヤガヤ

NGワード ▶ 「そもそも……」単調な説明

OKワード ▶ 「○○さんだからこそ！」
「○○さんのお気持ちが重要です」

双方向だからこそできるストローク

ストロークとは何でしょうか。スポーツ好きの方は、ストロークという言葉に覚えがあるかもしれません。スポーツの中でも、ゴルフやテニスでよく用いられる言葉の1つで、簡単にいうと"投げかけ"です。接遇の中でも、相手へのさまざまな投げかけがあります。今まで解説をして

（面倒だと思っているのか？）

きた「表情」「身だしなみ」「基本動作」「言葉遣い」「話し方」も全て相手への投げかけに該当します。

　しかし、それらの相手への投げかけには、プラスのストロークとマイナスのストロークがあります。さらに、ストロークの種類として"言語"（言葉にかかわるもの）と"非言語"（言葉以外の態度やかかわり方）の2つに区分けをして考えられています。次に、それらの代表的なものを一覧にしてみました（表4）。

　プラスのストロークは、相手が嬉しい・心地いい・やる気になる投げかけで、マイナスのストロークは、逆に相手が傷つく・不快になる投げかけであることがよくわかります。つまり、プラスのストロークとは、相手を尊重し、相手を認める投げかけであるといえます。

　私たちが気をつけたいのは、知らず知らずのうちに、マイナスのストロークを用いてしまうことです。つい、ため息をついてしまう――その時、目の前の家族は「面倒だと思っているのでは？」と怪訝に思うかもしれません。自分のいつもの口調が否定する表現になっている――その時、利用者は「嫌われているのかもしれない」と感じているのかもしれません。それらは、ちょっとした言葉癖や個々の態度かもしれませんが、"さまざまな価値観に見合う""多様に応じられる"ことが求められる、介護従事者には不適切です。

　したがって、マイナスのストロークを払拭すべく、いかなる時でも相手への投げかけはプラスのストロークを目指したいものです。相手のことを配慮する、状況を見極める、双方向であれば、必ず実現できることでしょう。

表4　ストロークの種類

	プラス	マイナス
言語	挨拶、感謝、褒める、認める、労う、叱る、……	否定する、批難する、指摘する、怒る、……
非言語	笑顔、目線、挨拶する、うなずく、握手する、ハグする……	腕組み、足組み、舌打ち、ため息、目をそらす、ドアを乱暴に閉める、……

"Win-Win"の関係を目指そう

　相手本位・双方向といっても、決してご利用者様・ご家族様を優先して自分(または自分たち施設・事業所)を犠牲にするということではありません。ご利用者様・ご家族様の言い分や要望を全面的に受け入れるわけにはいかない場面も多くあり、理解や協力をお願いしなくてはならないことも欠かせません。かといって、自分や施設・事業所の立場や言い分を優先させて、懇願や無理強いなどをしては、信頼関係を損なうことになってしまいます。協調的であっても、その場の感情や思いつきではなく、ご利用者様・ご家族様が納得できるかかわり方ができるのです。必要な時には「No」も言えるし、依頼ごとなども双方に有効なやりとりへと発展できます。

　そこで目指したいのが"Win-Win"の関係です。Win-Winについては、人間関係でも仕事の上でも欠かせない基本姿勢です。今や、流行り言葉となりつつあるWin-Winですが、その理解を再確認してみましょう。

　Win＝勝者の意味の通り、メリットやプラス効果がもたらされることであり、しかも、Winが2つですから、片方のメリットやプラス効果ではなく、私とあなた・サービス提供者とご利用者様・施設側とご家族様側など、どんなスタンスにおいても双方にWinがもたらされるということは、ご承知の方も多いはずです。

　皆さんは「折り合いがついた」などの経過をもって、何かしら互いのプラスが生じる展開になることをWin-Winと解釈していませんか。そうではありません。お互いの妥協案や譲歩ではないのです。よくこんな展開があります。

　介護スタッフの本田さんは、ご利用者様の遠藤さんを担当して3年目。いつも園庭でのアクティビティを楽しみにしている遠藤さん。今日も時間通り、同フロアのご利用者様たちと園庭の花壇を見ようと誘いました。ところが、今日は外に出たがりません。仕方なく、本田さんは、遠藤さん

には居室で過ごしてもらうよう同僚に引き継ぎ、他のご利用者様たちと園庭でのアクティビティに向かいました。

　一見、本田さんは予定通り園庭でのアクティビティを進められ、遠藤さんは外に出たくない気持ちを受け入れられ、Win-Winのように見えます。でも、よく考えてみてください。本田さんは、居室で過ごしている遠藤さんの様子が気になっているかもしれません。遠藤さんは、居室に戻ったものの、いつも楽しみにしているアクティビティに参加せずに、どのように過ごすか、少し不安感があるかもしれません。つまり、お互いの希望・要望から下回った"仕方ない"感の結果になっています。

　もし、本田さんが遠藤さんの真意をしっかり引き出し、アクティビティに参加したくない理由を聞き出せたら、それによって参加せずに何をして過ごしてもらうことが、その日の遠藤さんの意に沿うのか、または真意によってはいつも通り参加してもらう促しもできたかもしれません。

　そこで、ぜひ実践していただきたいのが、ご利用者様・ご家族様応対でWhatとWhyの着眼点を持つということです。

　　What（何？）── 相手がどのような要望なのか、具体的な「何」を理解する
　　Why（なぜ？）── 相手がなぜそのような要望なのか、本質的な「なぜ」を洞察する

　これは、必ず相手に配慮をしていなければできません。逆に考えれば、そのようにかかわることで、表面的や断片的な要望への対応にとどまらず、深層心理に近づける接遇へとなるのです。

　Win-Winの代表的な事例にこんな話があります。

── あるところに、AさんとBさんが共有するオレンジ畑がありました。今年は上質のオレンジ1千万個の収穫が見込まれそうです。Aさんは「今年の収穫権はぜひうちに譲ってください」と言い出しました。ところが、Bさんも「今年はうちが収穫の権利をいただきたい」と言い出しました。

　話し合いは難航し、やがて殴り合いのケンカになり、Aさんのパンチの数が1つ多かったので、今年はAさんが収穫の権利を得ることになり

ました。Bさんは意気消沈、Aさんはさっそく収穫の準備へと取り掛かったのです。

　しかし、準備をしながらAさんはふと「今まで信頼関係を続けてきたBさんと、あんなに大ゲンカをしてしまい、来年以降どうやってこの畑を維持していこう…」と不安がよぎりました。それからしばらくして、AさんとBさんが話をする機会がありました。するとAさんは「今年は上質のオレンジで、フレッシュオレンジジュースを作って市場に出したかった」という考えを、Bさんは「単価の高いオレンジマーマレードを作って卸そうと思っていた」という考えを話し始めたのです。

　2人は、「オレンジの収穫の権利が欲しい」という断片的な足元の要求だけでケンカになり、信頼関係にもひびが入ってしまったということになります。はじめから、お互いの条件や構想をしっかり出し合い共有することができていたら、共同で収穫し、評判のいいフレッシュオレンジジュースとオレンジマーマレードを売り出すことができたのです。──

　Win-Winとは、互いに共通認識を持ち、かつ目的を共有できる土俵の中でかかわっていくことです。信頼される介護サービスを提供し続けていくには、ご利用者様・ご家族様に対して、なぜ協力したり、理解したり、検討したりする必要があるのかを、一方的・断片的ではなく、共通認識として明示できてこそ、はじめて相手に伝わるのです。

相手本位を欠かさない断り方

　皆さんは"断る"ことができていますか。もちろん、日常的にご利用者様・ご家族様からややこしいことや困ったことを要望されたら"積極的に断る"ということをしてください、と奨励しているのではありません。"Yes"ばかりでは仕事が前に進まない、そのためには必要な時に"No"と言う。このことがサービス提供として仕事が成立するために不可欠です。

　サービス提供において、ご利用者様・ご家族様の要望に応えるのは役

割の1つなので、もちろん前向きに取り組むべきです。しかし、中には、物理的に不可能な申し出や、どう考えても自己判断すべきでないもの、極めて特殊なケース、また時には要望そのものが突発的や断片的で、混乱を招くものもあります。

　そのような時、たいていの人は次の2つのいずれかを選択しています。
　・ご利用者様・ご家族様の要望なので、なんとかとりかかる
　・要望は承ったものの、その後のとりかかりは自分で適宜判断する

　この2点は、結果として大きな問題点が発生します。前者は、本来やるべきことに滞りが発生し、下手をすると自分自身がオーバーフローになるどころか、事業所や同僚に負荷をかけることになるかもしれません。後者は、ご利用者様・ご家族様は「要望を聴いてくれる」と解釈しているので、期待通りでなかった場合、後々「勝手に自己判断してるな」「当てにしていたのに、ちゃんとやっていない」と信頼もダウンすることになる可能性があります。

　では、どのように断りましょうか。断る際にも、こんなパターンが多いのではないでしょうか。
　・それは、無理ですよ。
　・んー、ちょっと今は難しいと思いますけど……

　断る言葉になっているので、一見"断る"ことができたと思うかもしれません。しかし、その場を回避するだけでは、自分でシャッターを下ろしただけで、相手にしてみれば、拒絶感や不信感を抱いているかもしれないのです。
　では、どうしたらいいでしょうか。模範的な"断る"をいくつか挙げてみます。

- 今はとりかかれませんが、それが終わってからはいかがですか？
- 私は手が離せないですから、私から××さんにお願いできますよ
- 今日はできませんけれど、次回からはもっと早めに言ってください
- 今は〇〇で手一杯なのでできませんが、代わりに音楽をかけておきましょうか

大きな違いにお気づきでしょうか。

"断る"にプラスアルファが付いているのです。一言で言い切るのも、丁重に柔らかく言うのも、断り方の1つではありますが、言い切ると相手を怒らせてしまったり、柔らかく言うと相手を惑わせてしまうことにもなり、結果として不快感が生まれます。それがたび重なると、信頼関係や居心地に影響することもあります。そして、"断る"は相手のためだけではなく、よりよいサービス提供・支援を進める大きな武器になるのです。

> 今はとりかかれませんが、それが終わってからはいかがですか？

"断る"のポイントは次の4点です。

- 共通認識できる視点がある
- 理由がある
- 代替案、条件、選択肢が提示できる
- 罪悪感は感じない

意見を言わなければならない時は……

　ご利用者様・ご家族様の話を聞いていて疑問を感じたり、違う意見を述べたいと思うことがしばしばあります。しばしばと表現しましたが、もし、いつも疑問や意見を感じているのであれば、それは自分の懐が浅い・キャパシティが狭いということが考えられます。ついつい話に水を差したり人の欠点を見つけたりする傾向があるのではないでしょうか。いつも感じている人は、少し客観視する癖をつけましょう。

　ご利用者様・ご家族様が相手なので、反対意見を言うべきか言わないべきか、言ってもこの程度にしておこう、と苦慮して悩む人も多いでしょう。しかし、そんなことを気にする必要は全くありません。なぜなら、決して相手（ご利用者様・ご家族様）を否定するのではなく、意見を述べるのです。相手に聴く耳がないはずがありません。聴く耳がないとしたら、あなたの意見の述べ方が問題なのです。

　目の前のご利用者様・ご家族様の話や要望が、どうもそぐわないと思った時は、違う・反対の部分がクローズアップされ、自分の中で沸々と湧き出てきます。そのクローズアップが次第に増大して、頭の中は"反対"モードが大部分を占めていませんか。よく考えてみると、ご利用者様・ご家族様の話・要望の中には、なるほど・よくわかった・そういう考え方もあるんだ・納得、と思う箇所もあるはずです。「そんなはずない」「話そのものに全部反対」と思いましたか。それでは、またしても、自分の懐が浅い・キャパシティが狭いということが露呈されたことになります。

　たとえ小さな小さなことでも、ご利用者様・ご家族様の言動の中から、賛成できる箇所を探すのです。「ずいぶんやる気になっているな」「細かいことにこだわっているんだ」「この前はそうだったんだ」などなど、とにかくうなずける箇所を探してください。そして、うなずける箇所、つまり賛成できる部分から切り出すのです。切り出すといっても、理論的過ぎる難しい言い回しにしたり、とってつけたようなわざとらしい言葉ではなく、触れる程度で十分です。自分の意見を述べる前にワンフレーズ、

小さな"Yes"を挟むのです。

> ・なるほど、細かく考えてみたんですね
> ・やる気になっていることが伝わってきます
> ・そうですね。たしかにこの前のことはよくわかります

　自分の意見を述べる前にワンフレーズ、小さな"Yes"の後は、自分の言いたいことを言う、ただしあくまでも相手と共通認識できる表現をしてください。
　たとえば、
　「先日お話いただいた内容はわかりました。訪問日を増やすのは、来月以降のほうがいいと考えます」
　「たしかに困っているのはよくわかります。担当スタッフに確認してから調整したほうが確実と思います」
　先日お話いただいた内容・困っているなど、相手と共通認識できるキーワードを挙げながら、自分の意見として述べることができています。
　反対に悪い例です。
　「先日お話いただいた内容はわかりました。訪問日を増やすのは、すぐは無理ですね」
　「たしかに困っているのはよくわかります。担当スタッフに確認しないとわからないですよ」
　小さな"Yes"は挟んでいますが、相手を攻めたり責任を回避したりする意見となっています。
　「意見」を全く出さず、そのままでいたところ、後から、不平不満が出たり、軌道修正が必要になったことはありませんか。サービス提供や支援の中で、ケンカや過度な論争をする必要はありませんが、常時賛成ばかりでは、最善策の抽出にならず、結局いつまで経っても滞っているということにもなります。目の前の状況や意見に、疑問や改善点を見出すのは、責務でもあるのです。
　「意見を述べる」のポイントは次の５点です。

・共通認識できる視点がある
・共通の方向性での意見、提案である
・賛成できる箇所を探し、その部分から話し始める
・否定せずに提案表現
・パーソナリティには触れない

気持ちよく理解してもらうお願いの仕方

　"依頼をする"ことは、皆さんの仕事の中で最も多い場面であり、最も手腕が問われることともいわれます。サービス提供や支援を円滑に前に進めるには、ご利用者様・ご家族様が、しぶしぶでもなく、あきらめでもなく、お気楽でもなく、きちんと理解した上で協力理解してくれることが欠かせません。そのためには、押し付けやゴリ押しもNG、懇願やゴマすりもNGです。まさに、コミュニケーションの真価が問われます。

　"依頼をする"際に、やたらと前置きが付く人はいませんか。「悪いんだけど」「申し訳ないのですが」「こんなこと無理だと思うけど」「できるときでいいんだけど」……あまり付けてしまうと、肝心なその先の本題がどうでもいいこととして解釈されてしまいます。逆に、スパッと言い切る人はいませんか。「これお願い！」「大丈夫ですよね」「電話して」……相手はしぶしぶ動いてくれるかもしれませんが、相手の状況や理解度が確認できていないので、結果として効果的ではないということもあります。

　"依頼する"時のスタートは、まずプラス表現をするということです。
　「悪いんだけど」ではなく、「お世話になっております」「お疲れさまです」
　「できる時でいいんだけど」「大丈夫だよね」ではなく、「今少しよろしいですか？」
　ご利用者様・ご家族様が聞く耳になる前向きな言葉でスタートするということです。

次に、共通認識できる事実にもとづいて表現します。
「今朝の話の続きですけど」
「午後のお散歩のことだけど」

自分の認識を伝えます。
「お話を最後まで聞けませんでした」
「今日はとても風が強いですね」

さらに何をしてほしいのかを具体的に言います。
「今お話をお聞きしたいんです」
「お散歩じゃなくて、お部屋で絵手紙を書きましょうよ」

最後に相手のメリットに絡んだ一言を添えます。
「(そうすれば)夜のスタッフにも伝えておけます」
「(そうすれば)今月の作品展に出せますよ」

2. 接遇力あってのクレーム応対

接遇力＝クレーム応対力

　これまで、接遇の基本となるスキル、そしてその醸成としてのコミュニケーションのポイントをお届けしてきました。それらを総動員して、クレーム応対でのポイントをご紹介します。クレームというと、尻込みしてしまい、その応対には高度なスキルが欠かせないと考える方も多いものです。しかし、決して特別なスキルが欠かせないわけではありません。

介護・福祉関連の研修や人材育成のご相談・ご依頼をいただいている中で、最近目立つ傾向があります。それは、接遇研修の導入や実施に関して、そのねらいが好感度や信頼度、コミュニケーション力などの向上にとどまらず、リスクマネジメントの一環としたいというご要望が増えているということです。対ご利用者様・ご家族様の接遇力を身に付け、ご利用者様やご家族様に不満を抱かせたり誤解を招くような応対を未然に防ごう、職員間のコミュニケーション力を高め、連携力を強化しヒヤリハットを招かない、などとリスクを回避するための鍵として、接遇力を求めているのです。

　クレームもリスクの一部であり、特にご利用者様・ご家族様の心情にかかわることが多いので、いかに、その時その状況に応じた"さまざまな価値観に見合う""多様に応じられる"接遇力が活用できるかが、そのクレーム応対の成否を分けることになります。それは、今までお伝えしてきたスキルを、クレーム応対ならではのポイントを踏まえて実践していくということです。

クレーム発生はチャンスそのもの

　クレームは必ずしも未然に防げるものではありません。日頃最適な接遇を実践していても、ちょっとした気持ちの行き違いが生じ、ご利用者様・ご家族様から不平不満の声が上がり、それがクレームに発展することはやむを得ないともいえます。

　しかし、クレームが発生したということは、かえって大変有り難いことなのです。ちょっとした気持ちの行き違いや不平不満が顕在化されたということだからです。実は、顕在化されずに、不平不満を鬱積される、我慢をさせる、あきらめさせる、やがては信頼できない、などと潜在化してしまう、つまり未発生のクレームが9割といわれています。と考えると、クレーム発生という不平不満の顕在化は、貴重な情報源であり、他の類似クレームへの対処が整うとともに、日頃の介護サービスの問題点を見

図7　ファンになるプロセス

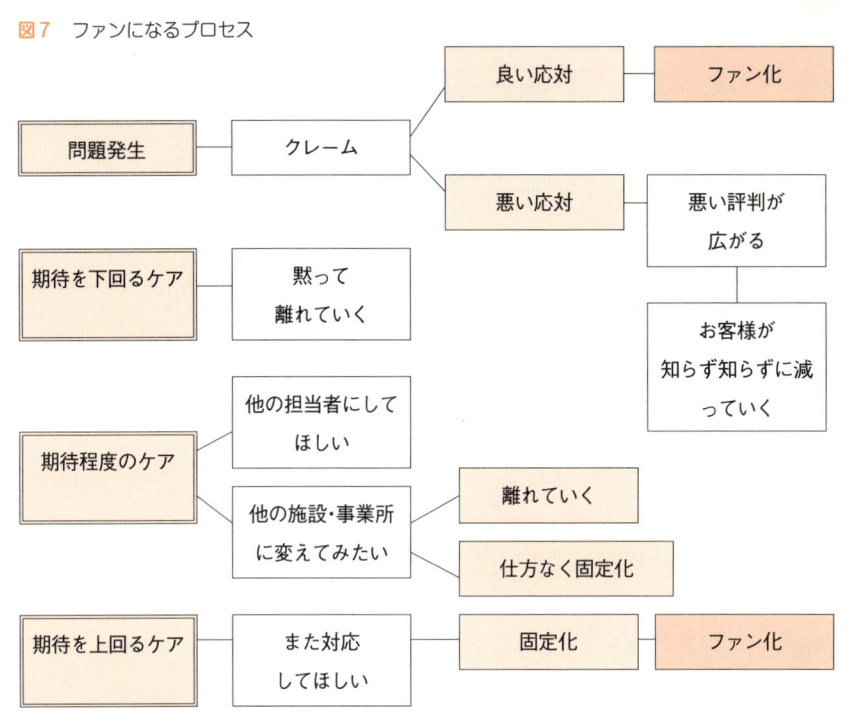

```
問題発生 → クレーム ┬→ 良い応対 → ファン化
                    └→ 悪い応対 → 悪い評判が広がる → お客様が知らず知らずに減っていく

期待を下回るケア → 黙って離れていく

期待程度のケア ┬→ 他の担当者にしてほしい
               └→ 他の施設・事業所に変えてみたい ┬→ 離れていく
                                                  └→ 仕方なく固定化

期待を上回るケア → また対応してほしい → 固定化 → ファン化
```

ファン＝真の信頼関係が成立するには、常に期待を上回るか、クレーム時に最適な応対ができるかのいずれかに限定される

出すチャンスになるのです。合わせて、クレームが発生したら、その一つひとつに最適な応対をすることで、失いかけた信頼を回復し、ご利用者様・ご家族様に、施設・事業所のファンになっていただく機会になります（図7）。

クレーム応対のための立ち位置を定めよう

　施設・事業所・組織および職員がクレームを"チャンスとして捉える"ことが、クレーム応対の成功への第一歩となります。そのためには、介護従事者として接遇への高い意識が不可欠です。逆にいうと、その意識が備わっていれば、ピンチをチャンスにするクレーム応対の実現に向け

た立ち位置が定まり、道は進みつつあるということになります。そうであれば、その立ち位置の基、接遇力を活かしたクレーム応対を実践していくに尽きます。

まずは、どんなクレームでも応対の前提条件として、以下を全てクリアしましょう。クレームをチャンスとして活かそうと解釈すれば、欠かせない前提条件です。

①相手の話を否定しない

クレームは貴重な情報源です。相手の言い分が不本意であっても、感情的であっても、まずは受け入れることが肝要になります。

②事実のみに重点を置き、感情的にならない

相手の言い分を受け入れた中で、何が事実かを抽出しながら聞き出し、その事実に対して最大限の対処をしていく冷静さを持ちましょう。

③相手を言い負かそうとしない

自分や施設・事業所としての言い分や理由があっても、それを理詰めで諭すことなく、相手が納得理解できる表現で伝える力が必要です。

④「早く終わらせたい」「腰が引けている」という態度をみせない

とにかく、真摯に熱心に応じていることを表すことが大切です。くれぐれも目をそらしたり、話の腰を折ったり、返事もせずに黙って聞いていたりしないように。

⑤その場しのぎで、できないまたは曖昧な約束をしない

たとえば、「わかる者から後ほど電話します」などと答え、結局電話をできなかった、できても翌日だったり、電話をした担当者がクレーム状況を把握していなかったら、そもそものクレーム以外の部分で炎上してしまうかもしれません。約束は確実であることと、それには応対者だけではなく、組織ぐるみでの取り組みも鍵になります。

第3章

チェックリスト：あなたのクレーム応対の心構えは？

	チェック項目	評価	
		YES	NO
1	クレームをポジティブに捉えているか		
2	初期応対が非常に重要だと認識しているか		
3	利用者・家族が不快な思いをしていることに対し、心情を察しているか		
4	迅速な処理をしているか		
5	自分だけで解決しようとしていないか		
6	電話だけで解決しようとしていないか		
7	"聴く"ことを十分に行っているか		
8	利用者・家族の話を、否定していないか		
9	理屈で利用者・家族をやり込めていないか		
10	利用者・家族の感情的な言葉に惑わされていないか		
11	自分が感情的にならずに冷静に応対しているか		
12	自分のミスでなくても、責任の回避をしないようにしているか		
13	自分の手に負えないと判断した時の対処方法を決めてあるか		
14	利用者・家族の立場になって、誠実に対処方法を考えているか		
15	利用者・家族の誤解、ミスがあった場合、寛容な態度をとっているか		
16	自分たちの正当性を主張しすぎていないか		
17	クレームを上司に報告しているか		
18	クレームの再発防止に努めているか		
19	自分が施設・事業所を代表しているという意識があるか		

クレーム応対の実践・5つのステップ

では、クレーム応対を実際にどう行うのが望ましいのか、接遇のスキルの何をどう活用するのか、クレーム応対の王道である5つのステップをご紹介しましょう。

> **ステップ1　クレームを聴く**
>
> 話を徹底的に聴く。不快な思いをさせたことに対しては、まず心情を理解する言葉を言う。**限定付き謝罪共感**で理解を伝える。

クレームというと、すぐさま「申し訳ありません」「大変失礼しました」などと、謝罪の言葉を連呼する応対者がよくみられます。それも、相手がいまだ話半分にもかかわらず、やみくもに謝罪の言葉やともすると言い訳のような説明(弁解？)を切り出すことがよくあります。

たしかに、指摘を受けたり相手が感情的になっていたりすると、つい「申し訳ありません」と応じたり、相手の言葉に対して回答や説明・解説をしがちになる気持ちはよくわかります。しかし、それが落とし穴なのです。状況も十分つかんでいないまま謝罪ばかりしていては、全面的に非を認めているという誤解が生まれるかもしれません。もちろん、非があれば謝罪すべきですが、そうではない場合にも、相手が正しくこちらが間違っているというズレが生じてしまうこともあるのです。合わせて、状況も十分つかめずに、回答や説明をするのは、無責任な対応となります。

そこで、活用したいのが**限定付き謝罪共感**です。これは、相手の言葉や心情・状況に限定した謝罪または共感の言葉を用いるということです。

例
相　手　「言ってることとやってることが違うでしょ！！」
応対者　「ご不快な思いをさせまして申し訳ございません」
相　手　「だいたい前々から、ちゃんとした対応してくれないんだから！」
応対者　「たびたび失礼しております」

第3章

> 言ってることと
> やってることが
> 違うでしょ！！

> ご不快な思いを
> させまして
> 申し訳ございません

　　相　手　「いい加減にしてくれないと困ります！」
　　応対者　「お困りのお気持ちもよくわかります」

　「言ってることとやってることが違う……」と聴いて「不快な思いをさせまして……」、「だいたい前々から……」と聴いて「たびたび……」、「……困ります！」と聴いて「お困りのお気持ちも……」と<u>限定付き謝罪共感</u>の表現になっています。このように、相手の言い分をよく聴いて、言い分に限定した謝罪または共感の言葉を返すのです。<u>限定付き謝罪共感</u>の言葉は、相手の言い分を聴いているからこそ出ます。つまり、話が聴けているということであり、相手の真意を掴むためにも大変重要なクレーム応対の導入部分になるのです。

　もちろん、<u>限定付き謝罪共感</u>ばかりでなく、"きく"ことで登場した「姿勢」「表情」「手元」「足元」「返事」「あいづち」「復唱」もクレームを聴くための基本スキルとして使いこなしが必要です。

ステップ2　事実（何が問題なのか、どのような感情か）を確認する

　　事実を確認するために、積極的に<u>質問を行い問題点の確認</u>をする。
　　相手の要望が何であるかを確認する。

聴き手に回ることはクレーム応対の導入では大変重要になりますが、最善の解決策につなげるには、事実や問題・真意を掘り下げることも欠かせません。そのためには**問題点を絞り込む質問力**が必要です。しかしながら、くれぐれも尋問にならないように配慮が必要です。そこで、クローズド質問⇔オープン質問の交互形式を活用しましょう。

例
- 応対者　「保険外の説明がなかったということですか？」（クローズド質問）
- 相　手　「そうですよ！」
- 応対者　「ご納得いただけないのはどのような点でしょうか？」★（オープン質問）
- 相　手　「とにかくなぜできないのか、ちゃんと説明してほしいんですよ！」
- 応対者　「次回の訪問時のご説明でも差し支えないでしょうか？」☆（クローズド質問）
- 相　手　「え？　すぐに説明してもらわないと困るわよ」
- 応対者　「説明の訪問日のご都合はいつごろがよろしいでしょうか？」◎（オープン質問）

上記のような相手の言い分の場合、すぐに◎のような質問で説明の機会につなぎがちですが、★の質問によって相手の真意を引き出し、☆で都合や状況などのニーズを明確化しようとしています。それらの**質問により、問題点を絞り込む**ことへと作用するのです。

　合わせて、"きく"ことで登場した「**質問**」での質問の種類にも留意して活用しましょう。

> **ステップ3　問題の解決、または代替案の提示**
>
> 問題点を明確にして、その解決策または**代替案**をわかりやすく提案し、同意を得る。即断不可な場合、時間をいただき、確実にできる解決案または**代替案**の提示をすること。

　ステップ１・２で、相手の真意を掴み問題を絞り込むことができたら、解決のための土俵が整ったということになります。となれば、その土俵上で、最善の解決策を提示すればよいのです。ここで気をつけたいのは、最善の解決策の解釈違いです。最善の解決策は、決して問題を100％解決することとは限りません。その時にできる限りの解決策を提示するということです。そう考えると、クレーム応対では、確実な**代替案**を提示することが最善の解決策であることが大多数を占めるものです。

例　「担当の者が戻り次第、本日中にご連絡いたします」
　　　「只今確認いたしますので、10分ほどお待ちいただけますか」
　　　「状況と経過をお調べして回答いたします。来週までお時間をいただけますか」

　極めて基本的でありながら、端的で明確な提示こそ、確実な**代替案**なのです。ここでの最大の留意点は、曖昧にならないことです。「本日中」「10分ほど」「来週まで」と具体的であり、もちろんそれらは、思いつきや言葉のあやではなく、ちゃんとその通り果たせる**代替案**であることが欠かせません。

いざというときの応酬話法

しかしながら、このような代替案を含め、解決策を示しているにもかかわらず、相手が理不尽な主張を繰り返したり、感情的になったり、堂々巡りの会話展開になったりと、必ずしも円滑に進まないのが《ステップ3》でもあります。

そこで、活用したいのが"応酬話法"です。応酬話法は、いってみれば切り札であり、応対に苦慮する時には頼もしいものです。しかし、切り札はあくまでも切り札なので、会話の導入時・《ステップ1》クレームを聴く・《ステップ2》事実を確認する、などの場面で用いると墓穴を掘ることになるので気をつけましょう。

・応酬話法⑴ブーメラン法

ブーメランは、投げると手元に返ってきます。ブーメラン法とは、相手が言っていることをそのまま返し、「無理なことを言っているんだ」と相手に気づかせる話法です。

> 例 相　手「困っているんだから、全部してくれたっていいじゃないですか！？」
>
> 応対者「○○様のおっしゃる通り、全てのことをサービスとして行うことは難しいことなのです。お察しいただけませんでしょうか」

・応酬話法⑵弁証法

正しいこと・正確なことを述べ、相手に「なるほど……」と納得してもらう話法です。

> 例 相　手「お世話になっているのはヘルパーさんなんだから、あなたじゃなくてヘルパーさんと話がしたいんです。連絡先を教えてくれてもいいでしょ！？」
>
> 応対者「恐れ入りますが、ヘルパーの自宅や携帯電話の番号は、個人情報（またはプライバシー）にもかかわるので、お教えしかねます。私が責任を持って承りますので、ご理解いただ

けませんか」

・応酬話法⑶ 姿勢表明法

　施設・事業所としての毅然とした姿勢を表明し、相手に協力や理解を促す話法です。

　例　相　手「うちは、身内が近くにいないんだし、少しくらい融通が効いてもいいんじゃないですか！？」
　　　応対者「私ども○○事業所としては、全てのご利用者様・ご家族様に同様にご説明をしております。ご協力いただけませんか」

　いずれの応酬話法も、解決策や代替案を提示した際に、相手がなかなか納得してくれない場面で活用できるはずです。決して、特別に難しい・ハイレベルのスキルが必要なわけではありません。ただ、一方的や拒絶的・命令的にならないように、話し方・尊重の表現になる口調を使いこなすことを併せ持つことと、それらの前提として《ステップ１》「接遇"聴くスキル"を活用したクレームを聴く」《ステップ２》「接遇"質問スキル"を用いた事実を確認する」で相手の真意や状況を聴き出せていれば、その場に見合った応酬話法が出てくることでしょう。つまり基本の接遇力が身についていれば、必ずできるということになります。

> **ステップ4　クレームへの感謝とフォロー**
>
> 終了時に、**心情を理解する言葉**を言う（不快な思いをした事を詫びる）。貴重なご意見をいただいたことに感謝を忘れない。約束したことがあればフォローの一言を添える。

　解決策や代替案を提示したからといって、クレーム応対は終話しません。スムーズなクレーム応対もクロージング次第で相手の納得感が大きく変わります。相手を配慮する丁重な言葉が出るように備えましょう。そして、ステップ３・４では、話し方でのスキルが全てかかわってくるのです。

　例「長々とお時間をいただき、大変失礼いたしました」
　　「お申し出いただいて本当によかったです」

「貴重なご意見をいただき、感謝いたします」
「大変なご面倒をお掛けし、恐縮でございます」
「二度とご迷惑をおかけしないようスタッフに徹底してまいります」
「これを機に安心してご利用いただけるよう、励んでまいります」

> **ステップ5 クレームを活かす**
>
> クレームを上司へ報告する。クレーム再発防止、業務の改善に生かす努力をする（クレーム情報を活用し、総合的なクレーム応対体制の構築をする）。

さらに、クレームに応対するにとどまらず、組織内で共有しましょう。回覧・クレーム共有ファイル・実例検討会など、事業所・施設内で、クレームの発生〜解決を全スタッフ・職員が把握できる仕組みが整えば、まさにクレームはチャンスであり、大きな財産となるはずです。

図8 スタッフ間連携での強化

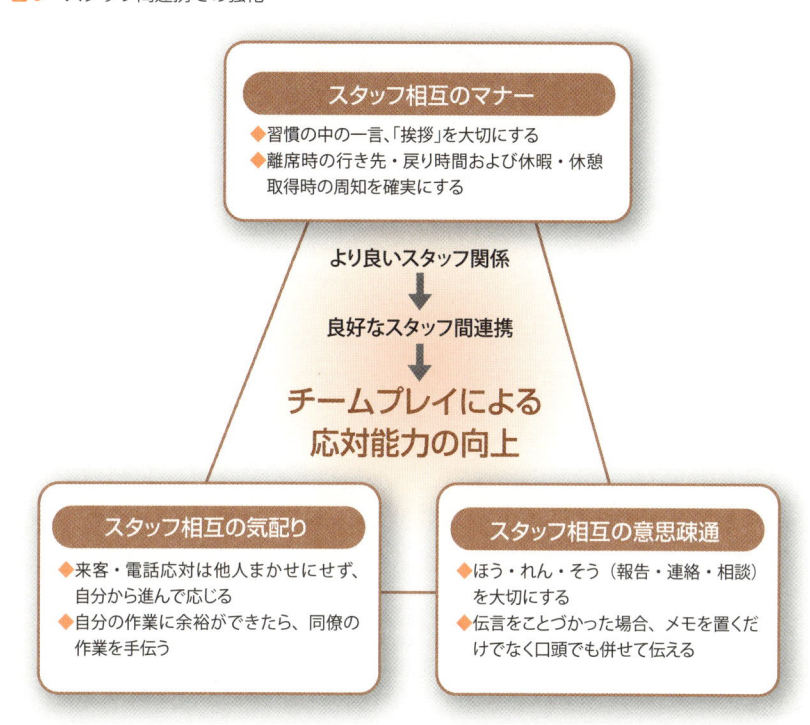

スタッフ相互のマナー
- 習慣の中の一言、「挨拶」を大切にする
- 離席時の行き先・戻り時間および休暇・休憩取得時の周知を確実にする

↓
より良いスタッフ関係
↓
良好なスタッフ間連携
↓
チームプレイによる応対能力の向上

スタッフ相互の気配り
- 来客・電話応対は他人まかせにせず、自分から進んで応じる
- 自分の作業に余裕ができたら、同僚の作業を手伝う

スタッフ相互の意思疎通
- ほう・れん・そう（報告・連絡・相談）を大切にする
- 伝言をことづかった場合、メモを置くだけでなく口頭でも併せて伝える

　スタッフ同士の良好な連携を築く上で、お互いが気持ちよく仕事をするための環境整備が不可欠であり、その基本として、「仕事をする上でのマナー」を守ることが非常に大切です。

　「仕事をする上でのマナー」を守るということは、相手のことを思いやり、大切に思う「気配り」があれば自然にとれる行動です。そうすることで、自然とスタッフ間に信頼関係が生まれ、スムーズな「意思疎通」が可能となります。その毎日の積み重ねがより良いスタッフ関係を形成し、良好なスタッフ間連携が生まれるのではないでしょうか（図8）。

図9　組織で活かすクレーム応対

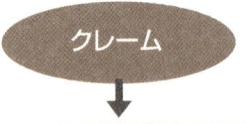

```
                    ┌─────────┐
                    │ クレーム │
                    └─────────┘
                         ↓
```

業務知識・意識の標準化
- ◆ご利用者様・ご家族様に対する接遇の知識・意識を統一し、誠意ある応対の徹底をはかる
- ◆担当者任せではなく、全スタッフで取り組むという意識の統一をはかる
- ◆応対者によって返答が異なることがないように、業務に関する基本的な事務の流れ・知識を共有する
- ◆担当者が不在の場合は、バックアップ応対ができるよう、各自の業務状況・問題点の共有化をはかる

役割分担の明確化
- ◆業務の主な担当者を明確にする
- ◆クレームの初期応対は全員が主な担当者

スタッフ間連携の強化
- ◆担当者に引き継ぐ際は、ご利用者様・ご家族様の用件も併せて引き継ぐ
- ◆担当者不在時に発生したクレームは、事前事後の連絡調整を確実にする

バックアップ体制の確立
- ◆応対者を孤立させないように、他のスタッフはその流れを見守る
- ◆応対者1人では困難な場合、すぐにフォローアップ
- ◆必要であれば資料を出してあげるような気配りを

情報リストの作成
- ◆業務報告書等で情報を周知し、再発防止に向けて対策などをデータベース化する

職場内研修・会議
- ◆クレームの原因究明と、その対策・回答を全員で考える
- ◆各自の職務状況および問題点の周知手段として活用する

職場単位のマニュアル作成
- ◆職場の基本ルールとして作成し、応対の標準化に活用する

コラム

　以前、ある施設の事務長様と面談をしていた時のことです。その日、約束の時間に訪問したところ、いつになく、ずいぶんと応接室で待たされました。事務長様の話では、ご利用者様のご家族様からのクレームの電話を受けて、延々30分程の応対に及んだためということでした。どうやら、数日前のある支援職員の初期応対が自己完結しようと思ったためか、施設側や支援としての言い分ばかりを回答し、そもそもの話を理解していないということへのお怒りのようでした。他の職員と共有されないまま数日が経過し、結局ご家族様は事務長に初めからの経緯や感情を吐露し続けていたようです。その後の面談中の話の中にも、職員のクレーム応対力が未熟なので、その年度の研修に取り上げたいとのご要望をいただきました。

　たしかに、その職員の初期対応はまずかったかもしれません。しかし、クレーム応対力を強化するには、クレーム応対そのもののポイントやスキルを学ぶ機会を設けるだけでは明らかに不足しています。それよりも優先すべきは、目の前のクレームに応じる力を高める、または未然に防ぐ努力をするだけではなく、施設・事業所・組織においてのクレームの位置づけを明確に定め、応対フロー・報告書の閲覧や回覧など、全ての職員が共通認識のもと、その経過にかかわるという取り組みなのです。

　そして、組織としての取り組みは、クレーム応対だけではありません。

　以前ある施設に訪問した時、施設長室までの通路で2人の職員が会話をしている様子を見かけました。会話の中身はよく聞こえませんでしたが、業務上の確認をしているようで、左胸の名前から2人とも主任職員と見受けられました。その場面で、私は大変がっかりしたのです。2人の職員の内、1人は両手をポケットに入れ、背中を丸めて身体を左右に揺らしながら会話をしていたからです。その施設では、職員研修やサービス向上への取り組みも積極的で、さまざまな行動基準化を図っています。ご利用者様・ご家族様・業者……にかかわらず、来訪者に対しては全て「お客様」と明確に位置づけて、接遇にも熱心に取り組んでいるくらいです。それにもかかわらず、施設内での態度が粗雑だったのです。しかも主任職員です。

　職員、スタッフの個々の応じ方ももちろん常に意識をし、不快感を与えない接遇が必要です。しかし、それを個人の力量に任せすぎず、施設・事業所・組織として、利用者・家族との対応以外の全ての場面で、自分自身が介護サービスを担う重要な商品であることを自覚させる風土づくりが、日常業務からクレーム応対も含め、接遇力強化には欠かせないのです。

第4章

いざ実践!こんな時どうする?

1. ケーススタディで考えよう

さて、基本スキル・応用スキルを"なるほど"と理解しても、実際に活用しなくては、介護現場での接遇力は強化されません。そこで、事例にもとづいて、どのように応じることがご利用者様(およびご家族様)の価値観を踏まえた行動としての接遇なのか、検討を重ねていきましょう。接遇基本スキル・応用スキルの各ポイントを思い出しながら考えてみてください。

> **ケース事例 1** 山田太郎さん81歳、男性、77歳の妻と2人暮らし。

１年前に脳梗塞で入院、温泉病院を経て自宅へ帰ってくることとなった。左麻痺はあるが、リハビリによって、ベッドの起き上がりは電動ベッドを操作して一人でできるようになった。ベッドの出入りには介護を要する。現在、立位はベッドサイドにつかまれば数秒歩ける。歩行はバランスが悪いために転倒の危険があり、リハビリ室で歩行器を使って歩く練習をしている。認知症はない。

退院前の本人の思い「家に帰れるのがとてもうれしい。リハビリをもっと頑張って、一人で歩けるようになりたい。好きな絵をまた描きたい。住宅は暮らしやすいように改修したい」

妻は血圧が高く服薬している。最近膝の痛みが悪化している。「介護のやり方はよくわからない。介護してあげたい。他人を家に入れることは嫌なので、まずは自分一人で頑張ってみる。でも、何もかもと思うと、先が不安」

経済的には困っていない。退院後の通院は２週間に１回。

要介護３。居宅サービス計画としては、妻が他人を家に入れたくないということなので、住宅改修・福祉用具貸与・週１回の通所リハビリを組んだ。

退院前に住宅改修。床の段差をなくした。居室は８畳間の洋間。隣接する手すりのついた洗面所、手すりがついて座ったままリモコンで水が流せ

第4章

る洋式トイレ、浴室をリフォームした。福祉用具としては、電動ベッド（ハイロー機能・ギャッジ付）と歩行器をレンタルした。

　介護支援専門員は退院日に電話を入れ、5日後に訪問した。訪問すると、妻は疲れ、太郎さんは1日中ベッドの上で生活し、パジャマを着替えることもなく、顔もタオルで拭いているだけであった。食事も当初はダイニングテーブルに座って食べたが、今はベッド上で食べているという。ベッドの出入りを妻が介助するのが大変なため、排尿は、妻を呼んで尿器にしている。排便時だけトイレに行っているという。口の中は汚れており、ふとんや衣類には尿臭が漂っている状態。

　介護支援専門員は、まず週1回のモーニングケアから始め、徐々に回数・時間帯を増やし、慣れた頃には、通所サービスと併用してのサービス提供をすることにした。

❶ 訪問介護員の初回訪問での注意点は？？

❷ 山田さんとの最適な話題は？？

❸ 奥様との信頼関係を築くポイントは？？

（模範解答例：巻末に掲載）

ケース事例 2　木村さん90歳、男性、長男と２人暮らし。

　夜８時、書類の整理をしていると、主任職員から、「いまトラブルが起きています。まだ、どうなるかわかりませんが……」と報告が上がってくる。主任の顔からは、トラブルの深刻さが伝わってくる。ご利用者様の名前を聞いた時、これまでにも幾度となく介護者であるご家族様とのトラブル、行き違いがあったことを思い出した。

　木村さんは、今まで何度もショートステイを利用している90歳の男性。体調の変化が大きく、調子のよい時は起きて話もできるが、悪くなると終始臥床しており、食事、水分摂取も難しい時がある。

　介護者は長男で、２人暮らし。他の兄弟姉妹と折り合いが悪く、１人で父の介護を行っている。また、日中は仕事をしているため、日中１人で過ごしている木村さんは、１日３回程度の訪問介護サービスを利用しているが、長男が出張の時は、当施設のショートステイを利用しているのである。

　長男とは、これまでにもさまざまなトラブルがあった。その結果、他のご家族様には絶対に連絡をとってはいけないという取り決めができた。また、細かい介護依頼で、介護者に対し援助の難しさを感じるケースでもある。

　クレームは長男からであった。ショートステイ中に木村さんの体調が悪いにもかかわらず、放置して病状を悪化させたという内容である。

　ことの経過は、木村さんは５日間利用予定のショートステイの３日目夕方より微熱があり、翌朝９時にＡ職員と看護職員、11時にＢ職員、14時にＣ職員、17時にＡ職員と３人が順番に予定通り観察をしていた。Ａ職員は念のために、微熱があることを17時過ぎに長男に連絡を入れていた。携帯電話にかけたが、留守番電話となっていたので、「お仕事中に失礼いたします。お父様が昨夜から37度台前半の発熱がありますので、念のためにご連絡をお入れしました」とメッセージを残した。そして、発熱の程度を確認するため看護職員が、18時に再度居室に立ち寄った。

　そこで意識がなく状態の悪い木村さんに気づき、看護職員はドクターへ

連絡をとり、指示を受けていた。そこへ、長男が様子を見るために仕事を切り上げて駆けつけた。直ちに居室に案内すると、傍らの職員連絡帳を見ながらしばらく様子を見ていた長男は、ドクターが来るのを待てないと判断し、救急車を依頼した。

　トラブル発生の報告を受けて、とにかく始めたのが、事実確認と情報の整理である。訪問介護事業所の記録を入手すると、木村さんは先週より体調不良であったことが読みとれる。しかし、これまでの経過を踏まえて、救急車を呼ぶに至る状況だとは、当施設職員も訪問介護事業所も感じてはいなかった。そして、当日の３人の職員・看護職員への確認、前日までの様子についても確認を行った。

　救急車で木村さん・長男と共に病院に行っていた職員が施設に戻ってきて、木村さん・長男の状況が明らかになった。長男の怒りは、職員の記載した連絡帳にあった。14時のＣ職員の記録の中には「意識なし」と記載があった。長男は、「14時の時点で救急車を呼ぶか、連絡さえしてくれていれば、こんなことにならなかったのに、どうして！」と言った。

　また、記録の最後に「こんなに調子の悪い木村さんは、初めて」とある。長男にしてみれば、「それならばどうして、ちゃんと対応をしなかったのか。いったい職員は何をしていたのか」という思いであり、当然の怒りといえる。

　記録を再度見直すと、たしかに「無反応、少し目をあけるぐらい」とある。Ｃ職員は、まだ１年目の介護スタッフである。おとなしく、優しいタイプで、非常に熱心なスタッフである。木村さんの担当については、これまで比較的体調のいい時に重なっていた。記録について、さかのぼって確認したところ、不十分な記載、指摘すべき点がいくつか見つかった。明らかに、記録の能力については未熟であった。

　長男より、当日の夜に電話があり、「初期の肺炎を起こしていたと医師に言われた」と報告が入る。「納得できない。14時のスタッフが、何をしていたのか、もっと詳しく知りたい」と要求がある。

❶ なぜ、長男が納得できない展開になったのか、その根幹となる理由を考えてみましょう。
（事態の展開や職員間の連携、処遇困難事例対応という着眼点ではなく、あくまでも接遇として考えてください）

---

❷「14時の時点で救急車を呼ぶか、連絡さえしてくれていれば、こんなことにならなかったのに、どうして」という長男の言い分に対しての対応を、「クレーム応対の実践・5つのステップ」のステップ1～4に準じて考えてみましょう。
（事態の展開や職員間の連携、処遇困難事例対応という着眼点ではなく、あくまでも接遇として考えてください）

（模範解答例：巻末に掲載）

2. 接遇力でさまざまな場面・相手に応じる

第4章

ご利用者様・ご家族様への初めての挨拶、どんなことに気をつける？

訪問介護事業所であれば初回訪問、施設においてもショートステイのご利用者様と初めて顔を合わす・遠方から面会に来たご家族様と初対面など、よくあることです。

初対面ですから、いうまでもなく挨拶が必要です。皆さんは、初めて顔を合わせる時には「明るく」「元気に」「笑顔」……などと心掛けているのではないでしょうか。それらはもちろん基本中の基本であり、常に実践できることが求められます。

しかしながら、必ずしも全ての場面で通用するとは限らないものです。それは、"さまざまな価値観に見合う""多様に応じられる"ことが不可欠だからです。

> ご利用者様の内田さんは77歳の女性、独居です。一見お元気なのですが、認知症があり、ご自宅から最寄り駅までの間で何度か道に迷ったことがあり、ご自宅での火の扱いや今後に不安もあることから、週3回の見守りのための訪問することになりました。
> 内田さんは、元官公庁の公務員で、定年後は、法務関連団体の役員を勤めた博識な人、結婚歴はなく仕事一筋のキャリアウーマンの先駆けのような人です。
> 今日は初回訪問……いつも通り明るく元気な印象で訪問するつもりでいます。

✘
> 「こんにちは〜、すみれケアサービスの加藤でーす！」
> とインターホン越しに名乗り、玄関ドアが開くと、
> 「よろしくお願いしまーす！」と明るく大きな声・とびきりの笑顔で切り出しました

たしかに、明るさ・元気さは伝わるかもしれません。しかし、語尾伸びがあり、だらしない印象になりがちなのが気になります。むしろ、内田さんのように博識な人やプライドの高い人の場合は、"きちんとしている"印象が重要になるのです。

> 「失礼いたします。すみれケアサービスからまいりました訪問ヘルパーの加藤と申します。本日よりサービスに伺いました。よろしくお願いいたします」
> とインターホン越しに名乗り、玄関ドアが開くと、
> 「こんにちは。すみれケアサービスの加藤と申します。本日からよろしくお願いいたします。失礼してよろしいでしょうか」

「失礼いたします」「失礼してよろしいでしょうか」と一言断る言葉や名乗りとこれからの訪問について明確な言葉があり、"きちんとしている"印象が高まりました。その時の目線や会釈などの動作も基本スキルを参考に活用すると、より信頼できるという印象をもってもらえるでしょう。

対応中に他のご利用者様から声をかけられたら？

施設内でご利用者様のAさんと対応中や会話中に、他のご利用者様のBさんから何度も声をかけられたり呼ばれたりすることは、日々の業務の中に必ずあります。もちろん、無視をするのはご法度です。しかし、応じ方によっては、Aさんを等閑(なおざり)にしてしまう、Bさんに事務的に応じてしまう、ともすればAさん・Bさん双方に不穏な空気が漂ってしまうということもあります。

そしてそれは、ご利用者様の不快感にとどまらず、介護従事者の自分自身の信頼度を落とすということにもなるのです。

第4章

　介護職員の竹内さんは、ご利用者様の松井さんの横に座って絵手紙づくりを一緒に行っていました。というのも、松井さんはたびたび施設を訪れていた息子さん夫婦が転勤になり、それまでと違い、ここ3か月ほど全く家族と会えず、少し言葉が少なくなっているからです。
　松井さんの様子を観察していると、息子さん夫婦が来るのをいつも楽しみにしていたことが、ひしひしと伝わります。竹内さんは、できるだけ松井さんに話しかけるように心掛け、その日も出来上がった絵手紙を息子さん夫婦宛てに出そうと話しながら作業を進めていました。
　すると、ご利用者様の中田さんが「竹内さーん、トイレ行きたい」と声をかけてきました。排泄介助なので、不要にお待たせするわけにもいかず、竹内さんはすぐに応じました。
　その後、松井さんは絵手紙をつくる手を止めてしまいました。

> ✗　中田さん「竹内さーん、トイレ行きたい」
> 　　竹内さん「はい、トイレですね。わかりました。行きましょう」

　これでは、松井さんがないがしろにされています。明らかに配慮が足りません。

> ✗　中田さん「竹内さーん、トイレ行きたい」
> 　　竹内さん「中田さん、少し待っててもらえますか」

　竹内さんは、他に排泄介助に応じられる職員に促そうとしたのかもしれません。しかし、この言い方では、中田さんがないがしろにされています。これはこれで配慮が足りません。

> 中田さん「竹内さーん、トイレ行きたい」
> 竹内さん「はい、トイレですね。わかりました。
> 　　　　　松井さん、中田さんとトイレに行ってきますので、
> 　　　　　少し席を外してもよろしいですか。戻ったら絵手紙
> 　　　　　の続きをご一緒させてくださいね」
> 　　　　　（と松井さんに一言断り）
> 　　　　　「中田さん、行きましょう」

　松井さんにも中田さんにも、配慮を持って双方を尊重した応じ方になっています。もちろん、その時の表情・目線・態度などの基本スキルも合わせて実践することが欠かせません。

何度も同じ話を繰り返す利用者には？

　介護・支援時に、利用者との会話に応じるのは、相手本位・双方向の接遇には欠かせません。ぜひとも、接遇・基本スキルの「聴き方」「話し方」を駆使していただきたいものです。しかしながら、いくら受容と共感の姿勢を持っての介護・支援であっても、何時間も会話をし続けるわけにはいきません。目の前のご利用者様ばかりに終始していては、他のご利用者様対応や他の業務に支障が出ることも十分あり得ますし、それはプロの介護従事者としては避けなくてはなりません。

第4章

　長谷川さんは、特別養護老人ホームの介護職員です。担当フロアのご利用者様の岡崎さんは88歳の女性。とても気さくで話し好きの岡崎さんは、よく「今度初孫が生まれた」と話をしています。でも、岡崎さんには5人のお孫さんがいて、2人の曾孫さんもいるのです。どうやら、何十年か前の話を反復しているようです。
　今日も施設内の浴室に移動する際、ずっと初孫が生まれた話を続けていました。岡崎さんは、長谷川さんが入浴準備の手を止めて話を聞かないと気が済まないようで、聞いていないような素振りがあると「ねえねえ、ちょっと……！」と大きな声を上げます。浴室には、他のご利用者様も続々と移動してきました。他の人の入浴介助にも回らなくてはならないのに、スムーズな段取りが取れず、他のご利用者様を待たせたり、同僚の職員に負荷をかけることになりそうです。

✕
岡崎さん「初孫が生まれてね」
長谷川さん「おめでとうございます」
岡崎さん「女の子なのよ」
長谷川さん「そうですか」
岡崎さん「可愛くてね」
長谷川さん「そうですよね」
岡崎さん「初孫が生まれたの」
長谷川さん「そうですか」
岡崎さん「女の子なのよ」
長谷川さん「そうですか」

　たしかに、長谷川さんは岡崎さんの話を聞いてはいます。しかし、その聴き方は閉塞的で、もはや最低限の反応を返して聞いているばかりです。話をしている岡崎さんは、長谷川さんの興味関心を引こうと、ますます話を続けたくなっているかもしれません。

> ✗ 岡崎さん「初孫が生まれてね」
> 長谷川さん「おめでとうございます」
> 岡崎さん「女の子なのよ」
> 長谷川さん「それは、可愛いですね」
> 岡崎さん「そうでしょ」
> 長谷川さん「楽しみですね」
> 岡崎さん「初孫なのよ」

　岡崎さんの言葉を繰り返したり、掘り下げたりするような聞き方です。それによって、長谷川さんが岡崎さんの話を興味ありげに聴いていることが伝わるので、きっと、岡崎さんは、楽しい気持ちになることでしょう。しかし、それはそれで話が延々と続きそうです。十分時間に余裕がある状況でしたら、しっかり聞くことも欠かせませんが、この場合はそうもいきません。

> ○ 岡崎さん「初孫が生まれてね」
> 長谷川さん「おめでとうございます」
> 岡崎さん「女の子なのよ」
> 長谷川さん「それは、可愛いですね」
> 岡崎さん「そうでしょ」
> 長谷川さん「楽しみですね。岡崎さん、もっとお話を聞きたいので、続きは明日聞かせてくださいね」

　聴くことに徹するばかりでなく、状況や相手を踏まえ、言うべきことを言葉にしています。
　このような状況では、ともすると「また話が始まった……」と怪訝な反応を示してしまったり、逆にとにかく聴こうと度を越した尊重を示してしまいがちです。そのいずれにもならないように、相手の言葉や気持ちを十分汲み取った上で、表情・態度・言葉遣い・話し方を活用した一言を

発することが欠かせません。

なかなか言うことを聞いてくれない頑ななご利用者様には?

　私たちの人生の大先輩であり、それぞれの価値観やパーソナリティを持ち合わせたご利用者様には、当然いろいろな人がいます。介護従事者として、日頃観察・洞察をしつつ対処することが常ですが、この人はこういう人だと思ってうまく接していたにもかかわらず、突然態度が変容することもあります。しかも、予想以上に頑なな態度となってしまうこともあります。

> 　ご利用者様の川島さんは、いつも明るく、施設の行事やアクティビティには積極的に参加しています。今日は、恒例の自然散策、施設では毎月1回、最寄りの緑公園に出向き、散策をしているのです。川島さんは、特に緑公園の芝桜の小道を通るのがお気に入りです。
> 　ところが、今日は「絶対に行かない」と言い張っています。理由を聞くと、「歩くと足が痛い」「もう芝桜は咲いていない」「外は風が吹いている」「それよりカラオケがしたい」など、要望なのか言い訳なのか、さまざまなことを言っています。
> 　介護度の高いご利用者様も含めて、ほぼ職員総出での散策ですし、なんとか一緒に出かけたいところです。もし、このまま川島さんに居室に残ってもらっても、それはそれで、後から不満が出てくる可能性もありそうです。

✗ 「川島さん、行かないとお留守番ですよ」

　まるで、脅迫しているみたいです。ますます川島さんは頑なになることでしょう。

> ✕ 「川島さん、いろいろ言ってないで、行きましょうよ」

　これでは、川島さんの言い分や川島さん自身を否定することになります。一歩間違えば人権無視になりかねません。

> ✕ 「川島さん、行きましょうよ。行けば楽しいですよ」

　明るく前向きに誘っている言い回しですが、「行きましょうよ」はやや一方的、「行けば楽しい」は漠然としている、当たり障りのない誘い方です。頑なになっている時には通用しないかもしれません。

> ○ 「川島さん、頑張って歩けば、芝桜は終わってしまったかもしれませんが、咲きはじめたつつじが見られますよ。お出かけしませんか」

　川島さんの言い分や気持ちを汲みつつ、前向きな関心が生まれる誘い方をしています。これは、基本スキルで登場した"マイナスプラス法"（34頁）を活用しているのです。
　合わせて、「お出かけしませんか」と川島さんの意向を尋ねる表現になっています。

サービス外の要望をされたら？

　訪問介護サービスをしていると、多かれ少なかれ遭遇するのが、サービス外の要望ではないでしょうか。「家族の夕食分も作り置きしておいてほしい」「年末なので網戸もきれいにしてもらいたい」「庭の草むしりをしておいて」など、特に家事援助の延長線上の生活面での要望が出ることがしばしばあります。皆さんは、自分が訪問介護員だとしたら、ついつい「困っているんだからついでにやってあげよう」などと応じてしま

いがちではありませんか。でもそれでは、サービス提供としての公平性やモラルを逸脱するということになってしまいます。

そこで活用したいのが、応用スキルで登場した"断り方"なのです。

> 中山さんは訪問介護員。今日の訪問先の内田さん宅では、見守りと昼食・食事介助が仕事です。内田さんはご夫婦ともにご利用者様で、奥様は認知症が進んでいます。ご主人は歩行に支障はありますが、しっかりした方です。お嫁さんがパートに出ている時間帯に、中山さんと２人の訪問介護員（合わせて３人）が交代で連日、見守りと昼食・食事介助を行っているのです。
>
> ある日、内田さんのご主人から言われました。「ヘルパーさん、今日は夕食も作っておいてくれる？　嫁が帰ってから作るのでは、時間が遅くてね。作っておいてくれればいいから」
>
> おまけに、中山さんがなんとか断ろうとすると、「月曜日に来るヘルパーさんは作ってくれてるんだよ」と言われ、中山さんも"ついでだし、サッと作って置いておけばいいかな"と思いました。でも承るわけにはいきません。

❌「事業所の決まりだからできないんですよ」

端的に断るだけでは、相手を拒絶・否定していることになりかねません。

❌「遅い時間まで待つのはお腹がすいてしまいますよね。簡単に作っておきますよ」

相手の気持ちを察し、尊重していますが、そもそもの断ることに至っていません。

○ 「遅い時間まで待っていては、お腹がすいてしまいますよね。ただ、介護保険外になってしまうのでお断りしているんですよ。ご理解いただけますか」

○ 「遅い時間まで待っていては、お腹がすいてしまいますよね。ただ、私では判断しかねるので、事業所に確認させていただいてもよろしいですか」

　基本スキルで登場した"YES/BUT法""スイッチ法"(33・34頁)を活用し、かつ相手の意向を尋ねる表現、合わせ技で断ることに至りました。

すぐに感情論になってしまうご利用者様・ご家族様への対応は？

　ご利用者様・ご家族様対応の中では、たしかな根拠や詳細の経過など、準備をしっかり整え、説明をしているのに、相手がその日その時の気分や感情によって、展開がめちゃくちゃになるという場面がしばしばあります。私も、協力をお願いしたい事項を説明していた時、相手が話の途中で、ある一点に対して「面倒くさい！」と反応した途端、終始その一点に話が偏り、それ以外のもっと優先度や重要度の高い話が全く進まず、困惑したことがあります。

　そのような相手・状況の場合は、「嫌！」「嬉しい！」「大変！」など感情ベースの形容詞的言葉ばかりが返ってくるので、どのように話を進めたらよいのか、具体的に運べず、話は盛り上がったけれど、前進しなかった……という結果になりがちです。また、話が盛り上がるとは逆に、ちょっとしたことで、停滞したり、エキサイティングな反論を受けたりと、話がややこしくなったり後ろ向きになることもあります。

　このような場合、なんとか協調・調和を図りたいので、あの手この手で

話し始める人がいますが、それは逆効果です。相手がマイナス感情を発している時は、何を言っても「言い訳」「弁解」と解釈されてしまいますし、プラス感情を発している時は、単に場が盛り上がるだけで、円滑なサービス提供としては期待できません。

　大切なのは、その感情の根っこに何があるのかを紐解くことです。その時に活用できるのが、応用スキルで登場した"お願いの仕方"なのです。

　西田さんは、特別養護老人ホームの通所部門の主任介護職員です。今年は、施設に隣接する小学校の校庭を借りて、夏の盆踊り大会の予定が決まりました。夕方からの時間帯にはなりますが、ぜひご利用者様・ご家族様にも参加してほしいと考えています。
　その朝、送迎車に同乗したところ、ご利用者様の阿部さんの娘さんが、阿部さんの車の乗り降りに立ち会ったので、声をかけました。阿部さんの娘さんは、明るく気さくな人柄、ご近所でもムードメーカー的存在です。阿部さんは、ここ4年来通所しているので、西田さんとしても娘さんとも信頼関係ができていると思っています。ただ、阿部さんの娘さんは感覚や感情で話をするところがあり、話が二転三転することがしばしばです。送迎車が出る前に、ぜひご家族様も一緒に盆踊り大会への参加のお願いをしたいところです。

> ✕ プラスのスタート
> 「おはようございます。いつもお世話になっております」
> ⇩
> 話題の統一
> 「今日も、暑くなりそうですね」
> ⇩
> 自分の理解を述べる
> 「娘さんもお元気そうでなによりです」
> ⇩
> 自分の意見・感情を伝える
> 「楽しい話があります」
> ⇩
> 自分の具体的要求を述べる
> 「夏の盆踊り大会で盛り上がりませんか」

　信頼関係のある相手なので、前向きで相手を気持ちよくさせる言葉を用いています。ところが、これでは、終始感情モードの会話になってしまいます。「お元気そう」「楽しい」「盛り上がり」など、抽象的な言葉では、相手も抽象的に反応することになり、ますます感情モードが強化されることになります。

第4章

❌ プラスのスタート
「おはようございます。いつもお世話になっております」
⇩
話題の統一
「今日も、暑くなりそうですね」
⇩
自分の理解を述べる
「これからが夏本番になります」
⇩
自分の意見・感情を伝える
「夏といえば、盆踊りだと思いませんか」
⇩
自分の具体的要求を述べる
「今年も、日程が決まりました」

「盆踊り」「日程」と伝えるべきキーワードが小出しに出ています。

相手が感情ベースの人でないなら、十分OKなアプローチです。しかし、感情ベースだと、振り回される可能性があります。一つひとつのキーワードに対して、相手が感覚で反応してしまうと、話は混乱し、進みません。

この娘さんは、「夏本番」と聞いて「また猛暑か……」「ちゃんと夏休みがほしい」「体調管理が……」などと感情が生まれ、「盆踊り」と聞いて「何か手伝いが必要?」「家のこともあるし……」などと反応し、想像を膨らませて、あれやこれや言ってくるかもしれません。そうなってしまうと、西田さんは時間も神経も使う展開になるでしょう。

> プラスのスタート
> 「おはようございます。いつもお世話になっております」
> ⇩
> 自分の具体的要求を述べる
> 「盆踊り大会が決まったんですけれど、ご家族様もご一緒に参加していただきたいんです」
> ⇩
> 意図を述べる
> 「夕方4時から、中央小学校の校庭になりますが、阿部さんも楽しんでいただけると思いますし、娘さんにもお母様の楽しむ姿を見ていただきたいんです」

　だいぶスッキリしました。話の流れも違います。最初に何を言いたいのか、何が「ゴール」なのかを述べ、そのメリットをあとからわかりやすく伝える、"結論先出し"の流れとなっています。

　感情論になりがちな相手には、段階を踏んだアプローチよりも、先に何を言いたいのかを明示し、まずゴールに興味関心を持ってもらうことが大切です。その上で、メリット(またはデメリット)の理解、「ゴール」に関する具体的事項(日時・場所など)を述べます。感情モードで返ってきても、最初に「ゴール」をお互いに認識していれば、ベクトル修正がしやすくなります。

第4章

クレーム対応したら、ますます混乱……

　クレームやトラブルの処理なのに、無理難題を突きつけられたり、おまけに契約キャンセルなどの大どんでん返しへと展開し、面は食らうし、冷や汗かくし、という場面が、残念なことにサービス提供中でも存在します。このような場合、相手がひどい人だ・自分の心臓が小さいなどと、既成事実以外のところで、ダメージをクローズアップさせ、半ば言い訳にすがりながら、へこんでいる人も多いのではないでしょうか。既成事実以外のところは、どうでもいいのです。その対応での自分の役割が何で目的が何なのか、そこからぶれないことが肝心です。

石川さんは、有料老人ホームの主任スタッフ。ホームは、地域のコミュニティと一体型施設で、オープン当初メディアなどでも注目を浴びました。そのためもあり、入居のご利用者様は全般的に富裕層です。
　ある日、入居されている池田さんのご家族様から電話が入りました。
　「今日の午前に、母の骨折の経過について電話をいただくことになっているのに、全然ないじゃないですか？　どうなっているんですか？」
　時計を見ると12時20分前でした。石川さんは応えました。
　「お待たせして申し訳ありません。午前中にお電話するということは、9時〜12時までの間とさせていただいておりますので、こちらでも、担当の者に確認いたしますが、もう少々お待ちいただけますでしょうか」
　するとご家族様は、
　「え？　午前中だから、午前中に話が終わるっていうことじゃないのですか？　もうすぐ出かけるので、困るんですけど！」
　その後も石川さんは謝罪と説明を繰り返しましたが、家族は納得しません。そこで、石川さんは提案しました。
　「本日は、お出かけのご予定もありますので、池田様のご都合のよい日で別の日程をご指定いただけますか」
　ご家族様は、
　「それじゃ、明後日、11月19日の午前でお願いします」と別日程への変更となりました。
　ところが、その11月19日、再びご家族様から電話が入りました。
　「今日の午前中に、電話をいただくことになっているのに、全然ないじゃないですか？　どうなっているんですか？」
　時計を見ると、今度は12時10分前でした。
　「お待たせして申し訳ありません。午前中にお電話するということは、9時〜12時までの間とさせていただいておりますので、こちらでも、担当の者に確認いたしますが、もう少々お待ちいただけますでしょうか」
　と石川さんは丁重に応じましたが、ご家族様は憤慨しています。
　「もういいです。責任者の方と直接話をさせてください」

さあ、石川さんはどのように対応すればよかったのでしょうか。どうやら、言葉が足りずに、ご家族様には同じ不快感を二度も与えてしまったようです。

 まず、肝要なのは「クレーム応対の実践・5つのステップ」で登場した「ステップ1 聴く」ということです。相手が一方的にいろいろと言うので、こちらもすぐさま回答したり、まして話の腰を折るなど、もってのほかです。きちんと聴けば、ご家族様の言い分や心情を次のように整理できそうです。

✗
> ▶ ご家族様の具体的な要求（What：何を？）
> 指定の日時に電話してほしい
> ▶ ご家族様の本質的な要望（Why：なぜ？）
> 骨折の経過をちゃんと聞きたい

 具体的な要求（What：何を？）も本質的な要望（Why：なぜ？ 何のために？）も目先の処理に終始しています。

✗
> ▶ ご家族様の具体的な要求（What：何を？）
> 何度も面倒だ
> ▶ ご家族様の本質的な要望（Why：なぜ？）
> ちゃんと対応してほしい

 これでは、石川さんや施設側が言われるままの勝手な解釈だけで、相手本位や双方向にはなっていないかもしれません。

○
> ▶ ご家族様の具体的な要求（What：何を？）
> 骨折の経過をちゃんと聞きたい
> ▶ ご家族様の本質的な要望（Why：なぜ？）
> 安心・信頼して家族をお願いしたい

本質的な要望（Why：なぜ？）が明らかに発展的になり、ご家族様・施設間で共通認識できそうなものになりました。自分が言われたままでもなく、相手の言い分に振り回されるでもなく、より信頼していただくためにはどうしたらいいのか、という視点に立つとその後の対応の仕方も進化してくるはずです。

　では、実際にはどのように回答するのが望ましいでしょうか。

対応例

プラスのオープニング
「大変お待たせして申し訳ありません」
⇩
話題の統一
「本日午前中のお電話でございますね」
⇩
自分の理解を述べる
「未だご連絡できていないということですが」
⇩
自分の意見を伝える
「午前中ということですと、9時～12時までの間とさせていただいております」
⇩
自分の具体的要求（What）を述べる
→　具体的にどうしてほしいかを表明します
「もう少々お待ちいただくか、よろしければ、池田様のご都合のよい日で別の日程をご指定いただけますか」
⇩
双方の本質的要望（Why）の共有
→　その要求の根拠を述べ、

第4章

「きちんとご説明させていただくことで、安心していただけるはずなので、ぜひご都合をお聞かせ願えますか」
　　　　⇩
意向を引き出す
　　　　⇩
合意点を確認し記録する
「では、11月19日の午前10時がご希望ですね」
　　　　⇩
プラスのクロージング　→　感謝や労いの言葉も忘れずに！
「私、石川が承りました。どうぞよろしくお願いいたします。」

解答例集
※解答は一例です。状況や場面、相手によって変わるものもあります。

●言葉遣い──3点セットの敬語の言い換え　　　（31頁）

	丁寧語	尊敬語	謙譲語
言う	言います	おっしゃる	申す 申し上げる
行く	行きます	いらっしゃる	伺う／参る
来る	来ます	いらっしゃる お見えになる おいでになる お越しになる	参る
見る	見ます	ご覧になる	拝見する
聞く	聞きます	お聞きになる	伺う／拝聴する
話す	話します	お話しになる	お話しする
持つ	持ちます	お持ちになる	お持ちする
食べる	食べます	召し上がる	いただく
もらう	もらいます	※	いただく
与える	与えます	※	差し上げる
いる	います	いらっしゃる	おる
する	します	なさる	いたします
会う	会います	お会いになる	お会いする お目にかかる
知っている	知っている	ご存知である	存じる 存じ上げる

※：該当する表現はありません

● **話し方**──適切な表現に変えてみましょう。敬語の言い換えだけではなく、尊重の表現を活用してください（37頁）

誰ですか？	失礼ですが、どちら様でしょうか
どうしましたか？	いかがなさいましたか
今、行きます	只今、伺います
お待ちください	恐れ入りますが、少々お待ちいただけますか
すみません	申し訳ありません／ありがとうございました／失礼いたします
私がします	よろしければ、私がいたします
確かめてください	お手数ですが、お確かめいただけますか
午後3時までに返事がほしいのですが	恐れ入りますが、午後3時までにお返事をいただけると有り難いです。
10時に約束してます	10時にお約束しております
ご家族が申されたように	ご家族様がおっしゃったように
ちょっとうちではできません	申し訳ございませんが、私どもでは致しかねます
そこに座ってください	恐れ入りますが、そちらにお掛けいただけますか
ご家族のことは聞いてます	ご家族様については、お聞きしています
○○さん（利用者）はどれにしますか？	○○様、どちらになさいますか？
急ぎですか？	失礼ですが、お急ぎでしょうか？
もう一回言ってください	恐れ入りますが、今一度お聞きしてよろしいでしょうか？
施設長、事務長が呼んでますよ	施設長、事務長がお呼びです
〜してもらえませんか？	〜していただけませんか？
もしもし（電話で）	○○でございます／お電話代わりました／お待たせいたしました
帰ったら、そう言っておきます（電話で）	戻りましたら、申し伝えます

●ケーススタディで考えよう──【ケース事例1】　　（80頁）

❶ 訪問介護員の初回訪問での注意点は？？

　はじめての訪問介護サービス利用で、どちらかというと富裕層。馴れ馴れしい態度にならないよう、身だしなみ・挨拶・動作・敬語を用いた言葉遣いなど、節度をもって訪問する。

❷ 山田さんとの最適な話題は？？

　「家に帰れるのがとてもうれしい。リハビリをもっと頑張って一人で歩けるようになりたい。好きな絵をまた描きたい。住宅は暮らしやすいように改修したい」という思いをもとに考えます。

- ご自宅の調度品やインテリア、庭などに何気なく触れる（例：「お庭もだいぶ色づいてきましたね」「すてきなテーブルをお使いなんですね」など）
- 意欲やできることに対して積極的にほめる（例：「歩くペースが早くなりましたね」「外に出るのが楽しみですね」など）※嫌味にならないように要注意
- 山田さん自身の絵に関するエピソード（例：「絵を描き始めたきっかけをお聞きしてもよろしいですか」「今まで、どのくらいの作品を描き上げたんですか」など）
  ※一般的な絵画の話や学術的な話題よりも山田さん自身にまつわることのほうが効果的

❸ 奥様との信頼関係を築くポイントは？？

　「介護のやり方はよくわからない。介護してあげたい。他人を家に入れることは嫌なので、まずは自分一人で頑張ってみる。でも何もかもと思うと先が不安」という気持ちのある奥様なので、

- 訪問介護員としてプロフェッショナルで確かであることを示す行動を取ること(例:身だしなみ、言葉遣い、衛生面、知識、技術など)
- 食器や什器などを使用時、居室・キッチンなどへの出入り時など、必ず了承を得る(例:「こちらのお皿を使っても構いませんか」「私も座らせていただいてよろしいですか」など)
- 何でも訪問介護員の独断や裁量で行わず、なにかと一緒にしようと心掛ける(例:移乗時などに「このようにすると膝に負担がかかりませんよ」など奥様にも声をかけながら進める)

● **ケーススタディで考えよう**──【ケース事例２】　（82頁）

❶ なぜ、長男は納得できない展開になったのか、その根幹となる理由を考えてみましょう。

◆ 個々のご利用者様・ご家族様への留意事項が整理されていないことによる対応への準備不足（ご利用者様の名前を聞いた時、これまでにも幾度となく介護者である家族とのトラブル、行き違いがあったことを思い出した）

　　✓　トラブルやクレームは一連の経過や応対内容を次回以降や類似ケースで活用できる。今までも行き違いが何度もあったのであれば、どの職員も対応への準備ができているべき

◆ 長男が到着した時点で、速やかに案内するのではなく、わかる範囲での経過説明ができていない（直ちに居室に案内）

　　✓　上記に起因するが、初期対応として最低限の情報提供や説明を行うことで、家族にある程度の状況把握をしていただかないと、その後の展開が感情論になりがちになる

❷「14時の時点で救急車を呼ぶか、連絡さえしてくれていれば、こんなことにならなかったのに、どうして！」という長男の言い分に対しての対応を、クレーム応対５つのステップのステップ１〜４に準じて考えてみましょう。

《ステップ１》クレームを聴く

　たしかに、14時の時点でご連絡をしておらず、疑問をお感じになるのももっともです。

> **限定付き謝罪共感**で理解を伝える

《ステップ２》事実（何が問題なのか、どのような感情か）を確認する

　迅速な対応、連絡ができなかったということに対して、説明が必要ということでよろしいでしょうか？

> **質問を行い問題点の確認**
> 相手の要望が何であるかを確認する。

《ステップ３》問題の解決、または代替案の提示

　経過を調査・確認いたしまして、明朝10時までに改めてご連絡させていただきたいのですが、いかがでしょうか？

> その解決策または**代替案**をわかりやすく提案し、同意を得る。即断不可な場合、時間をいただき、確実にできる解決案または**代替案**の提示をすること。

《ステップ４》クレームへの感謝とフォロー

　お怒りのお気持ちを言ってくださって、ありがとうございます。

　必ず明朝までに調査し、ご連絡いたします。

　本日は、どうぞお大事におやすみくださいませ。

> **心情を理解する言葉**を言う。貴重なご意見をいただいたことに感謝とフォロー

おわりに

　本書を最初から最後まで順を追って読んだ方、関心の高い箇所を優先的に読んだ方、職場での勉強会用に、個人的に課題を感じて、など読み方はそれぞれあったかもしれませんが、このページまでたどり着いた方には、ぜひともお願いがあります。

　それは、本書で挙げた接遇スキルを必ず実際に活用していただきたいということです。といわれても、「急には使えない」「自分の介護現場とは少し違う事例だった」「実際にはうまくいかないかも……」などと感じる方も多いはずです。もちろん、本書のすべてを活用しなくても結構です。一つだけでも構いません。自分で「やってみよう！」と思えるスキルを見出してください。

　そのためには、本文中の事例通りではなく、自分の抱えている状況や身近なご利用者様・ご家族様に置き換えていただく必要もあります。自分にとっての"こんな時どうする？"を想定するのです。その中で、何をどう活用するのか、明らかにしていくことで、自身の課題も明確になるはずです。

　また、接遇スキルの中には、既に日頃から十分実践していることもあったことでしょう。しかし、それに甘んじることは禁物です。日頃実践しているということは、いずれ慣れ合いや我流になることもあり得ます。すでに実践していることは、さらに強化・向上を目指すことが必要です。もちろん、「日頃実践できていない」「難しい」「ここまではできない」などと、尻込みをしているスキルについても、ぜひこの機会に取り組みましょう。つまり、"強みを活かし、弱みを払拭する"ということです。

ただし、実際に活用をするには無理をしないことです。自分(または施設・事業所)にとっての優先順位を考え、確実に介護サービスの質向上になるよう、本書の活用を切に願っております。

　最後に、本書出版にかかわってくださった関係者の皆様に感謝の意をお伝えさせていただきます。お力添えいただきありがとうございました。

2011年10月
山岡　仁美

著者紹介

山岡 仁美（やまおか ひとみ）

人財育成コンサルタント
株式会社グロウス・カンパニー＋代表取締役

1961年生まれ。
航空会社勤務を経て、人材派遣会社の研修企画担当に。その後、人材育成への意欲から、総合コンサルタント会社に移り、人材育成に関する開発・販促・広報などのマネージャー職から企業研修部門の統括部長までを務める。1,000社ほどのコンサルに携わった後、独立。
総合コンサルティング会社では、福祉事業に特化した人材育成開発部の立ち上げから部門長を経験し、全国社会福祉協議会福祉従事者キャリアパス構築委員の経歴も持つ。社会福祉施設・各地社会福祉協議会など、福祉業界での実績多数。
コンサルタントの他にも、研修講師、講演と多方面で活躍中。そのテーマは「問題解決」「リーダーシップ」「コーチング」「アサーション」「ネゴシエーション」「CS・CRM」「キャリアデザイン」「タイムマネジメント」など幅広いとともに、あらゆる業種・職種・職能にカスタマイズし展開。

ホームページ http://www.gc-p.com

すぐに使える
介護のための接遇講座

2011年11月1日　初　版　発　行
2018年4月20日　初版第6刷発行

著　者………山岡　仁美
発行者………荘村　明彦
発行所………中央法規出版株式会社

〒110-0016　東京都台東区台東3-29-1　中央法規ビル
営　　業　TEL 03-3834-5817　FAX 03-3837-8037
書店窓口　TEL 03-3834-5815　FAX 03-3837-8035
編　　集　TEL 03-3834-5812　FAX 03-3837-8032
https://www.chuohoki.co.jp/

印刷・製本………長野印刷商工株式会社

装幀・本文デザイン………株式会社インタービジョン

本文イラスト………藤田　侑巳

定価はカバーに表示してあります。
ISBN978-4-8058-3540-1

本書のコピー、スキャン、デジタル化等の無断複製は、著作権法上での例外を除き禁じられています。また、本書を代行業者等の第三者に依頼してコピー、スキャン、デジタル化することは、たとえ個人や家庭内での利用であっても著作権法違反です。

落丁本・乱丁本はお取替えいたします。

本書に関するご意見・ご感想をメールでお寄せいただく場合は、
下記のアドレスまでお願いいたします。
reader@chuohoki.co.jp